知的生きかた文庫

記憶力が面白いほどつく本

B・フィールディング
川島隆太　訳・解説

三笠書房

✷訳者まえがき

たった「一日5分」の脳トレで仕事も勉強も能率10倍UP!

川島隆太

この本は、ズバリ、あなたの記憶力を強化するマニュアルです。

それも単なる〝記憶マニュアル〟でなく、あなたのこれまでの非生産的な生活習慣をガラッと変えてしまうほどのパワーのある本なのです。それが、これまでの「記憶力」本と大きく異なる点です。

記憶力をよくしようという意欲を持つ人であれば、誰でも簡単に実行できるノウハウが盛り込まれているのはもちろん、頭をよくするさまざまな生活習慣作りの知恵が実に具体的に紹介されているのです。

さて、一般的には、記憶力は年齢とともに低下します。これは正常な加齢現象です。しかし、何歳になってもすばらしい記憶力を持っている人もいれば、二十代から目に見えて記憶力が低下してしまう人もいます。この違いは何によって生じるのでしょう？　その答えのみならず、今から皆さんの記憶力を鍛え直すコツが、本書に書かれています。

私は、記憶力を向上させるには、三つのコツがあると考えています。そのうちの二つは本書に書かれているように、「関連づける」ことと、「繰り返す」ことです。

もうひとつのコツは、「睡眠」です。私たちの脳は、日中に学習した内容を、睡眠中に「復習」することによって、記憶にとどめておけることが最近明らかになりました。この本に書かれている記憶力を高めるさまざまな方法、プラス良質の睡眠が、私たちの記憶力を維持・向上させてくれるのです。

実は、さらに、もうひとつ記憶力をよくするのに適した方法があります。それは、私たちの脳全体の働きを高めることです。そのために、「読み書き計算」が役に立つことが明らかになっています。

たとえば、この本を、一日五分間を目安に音読してみてください。一カ月後には、皆さんの短期記憶力が平均で一五～三〇パーセント向上するという実験結果が出ています。また、音読をした直後に何かを記憶しようとすると、何もしないで記憶をしたときに比べて一五～二〇パーセント短期記憶力が向上します。

皆さんも、まずはこの本を音読することから、脳のトレーニングを始めてみませんか？　その効果に、きっと驚かれるはずです。

各章の終わりに、その章に関する私のワンポイント・アドバイスを加えておきました。ぜひ、実行してみてください。

◆もくじ

訳者まえがき――――川島隆太
たった「一日5分」の脳トレで
仕事も勉強も能率10倍UP！　3

1章

今日から簡単にできる！

「記憶のしくみ」がわかれば
〝覚える力・忘れない力〟がアップ！

同じテーブルについた10人の名前を、簡単に覚えられる！　14
〝記憶の手がかり〟はたくさん集めよ！　16
〝刺激〟が多ければ多いほど、よく記憶できる！　19
記憶には三つの「段階」がある　23
車や自転車の運転と方程式を解くのは同じ脳？　37

✸川島隆太の「脳を活性化させるヒント」①
〝記憶の定着率〟を上げる「暗記法」とは？　38

2章

即・効果アリ！

「記憶力」強化プログラム

覚えやすく、忘れにくい！　記憶の即効プログラム　42
①「感覚情報」を活用する　43
②「映像化」して脳裏に焼きつける　46
③「声に出す・言葉で確認する」　50
④「関連づけ」で記憶の足跡を増やす　56
⑤情報は「グループ分け」する　59
✸川島隆太の「脳を活性化させるヒント」②
記憶力がいい人は、手も口も動かす！　70

3章
記憶も「ポジティブ思考」で！
「脳」を元気にする〝動機・やる気づけ〟法
「目標がある人」の脳はフル回転している 74
結局、記憶力も「やる気」しだい！ 77
〝意味づけ〟ひとつで、しっかり記憶に残る 88
川島隆太の「脳を活性化させるヒント」③
〝脳の司令塔〟を鍛えるには、「読み・書き・計算」がいちばん！ 93
4章
〝好奇心〟と「記憶力」の深い関係
実感！ 人生を二〇％楽しむと
脳がどんどん活性化する！
小さな喜びを思い出す――これもひとつの「記憶力」強化法 100

「知りたい！」という好奇心・向上心が脳に刺激を与える　101
本を読みながら記憶力を強化するヒント　103
「人の話を覚えていない！」——そのうまい対処法　107
一度聞いたら忘れない！　相手の名前を覚える有効ワザ　109
川島隆太の「脳を活性化させるヒント」④
脳の働きを活発にする積極的コミュニケーション　112

5章

頭脳のレベルがアップ！

“ピンポイント集中法”で絶対、忘れない！

たとえば車を買うとき、あなたはどこに意識を「集中」するか　116
“うっかり忘れ”を撃退する法　120
あなたの「注意力・集中力」をグンと高める五つの方法　123
川島隆太の「脳を活性化させるヒント」⑤
簡単でも、効果は絶大！——十円玉一個でできる「集中力」強化法　134

6章

「思い出しやすい」ように覚える！

体系的に学び、頭を〝整理〟する！

これが「メモリーバンク」の強化法！ 138
①何事にも好奇心と探究心を持つ 139
②複雑な課題は細分化する 140
③興味のあることを探究する 141
時間を計画的に使うと、記憶力アップにつながる！ 148
鍛えておくと何かと便利な「展望記憶」 151
人の名前が思い出せない！ 記憶のポンプに「呼び水」をさす 154
身のまわりの整理は「頭の整理！」 155
川島隆太の「脳を活性化させるヒント」⑥
「おもしろいこと、楽しいこと」をすると記憶力は伸びる！ 158

7章 「記憶に特効！」の食べ物・運動法

いつまでも〝若々しい頭脳〟を保つために！

加齢による「物忘れ」特効食品 163
「頭のサビ」は〝これ〟で取り除ける 164
記憶力強化のためにも、こんな「運動」は欠かせない！ 168
「記憶力」を低下させるこんな薬には要注意 174
✸川島隆太の「脳を活性化させるヒント」⑦
「料理をする」と脳が活発に働き始める！ 176

8章 「脳」の疲れを取るうまい方法

ストレスは「記憶力」の大敵！

記憶力低下につながるストレス、成長に貢献するストレス 180

①「自己コントロール」力をつける　183
②先を予測する力をつける　185
✹川島隆太の「脳を活性化させるヒント」⑧
脳にストレスをかけない、上手な生活術　189

9章

「物忘れ・ど忘れ」がなくなる！

「若返り続ける脳」はこうして作る！

〝物忘れ〟が気になり始めたら――　194
やっぱり「きちんと考えたこと」しか、頭に残らない！　201
✹川島隆太の「脳を活性化させるヒント」⑨
「ど忘れ・物忘れ」を防ぐ、うまい方法　204

本文イラスト　瀬川尚志

1章

今日から簡単にできる！

「記憶のしくみ」がわかれば〝覚える力・忘れない力〟がアップ！

同じテーブルについた10人の名前を、簡単に覚えられる！

私たちの頭の中は、「やるべきこと」や「したいこと」、たくさんの「考え」や「思い」で、いつもパンク状態になっている。だから、突然、思考をさえぎられたり予想外の出来事が起こったりすると、「大事なこと」をすっかり失念してしまうことがある。

たとえば、スーパーに買い物に行く途中、思いがけず昔の友人にバッタリ会えば、頭の中の買い物リストが消えてしまう。会議の議案について考えている最中に電話がかかってくれば、それに気をとられて大事な報告を議題に入れ忘れる。

こんな記憶力の低下は、まったく腹立たしいものだ。

だが、ほんの少し考え方や習慣を変えるだけで、このような記憶力にまつわる悩みは必ず解決できる。

この本では、あなたの記憶力を高める効果的な「九つのプログラム」を紹介する。

このプログラムによって、人の名前が覚えられずに苦労していた私の知人は、ある会食パーティーで**同じテーブルについた十人の名前をすぐに記憶することができるようになった。**

記憶力を高める具体的なプログラムに入る前に、まずは、私たちがものごとを覚えていくメカニズムを知るところから始めよう。

「記憶」のメカニズムを知り、「無意識に」ではなく「意図的に」ものを覚えていくことで、記憶の量も力も何倍にも高めることができるからである。

“記憶の手がかり”はたくさん集めよ！

たとえば、あなたが今「チョコチップ・クッキーを食べる」という行動をとると、それはあなたの脳にどのような形で記憶されるのだろうか。

- 視覚→クッキーの色、形、大きさ
- 味覚→甘さ
- 嗅覚→赤砂糖の香り、チョコレートの香り
- 触覚→クッキーのなめらかさとチョコチップの粒々
- 聴覚→噛んだときのサクッという音
- 運動→クッキーのサクサクした感触とチョコレートの粘りのある感触

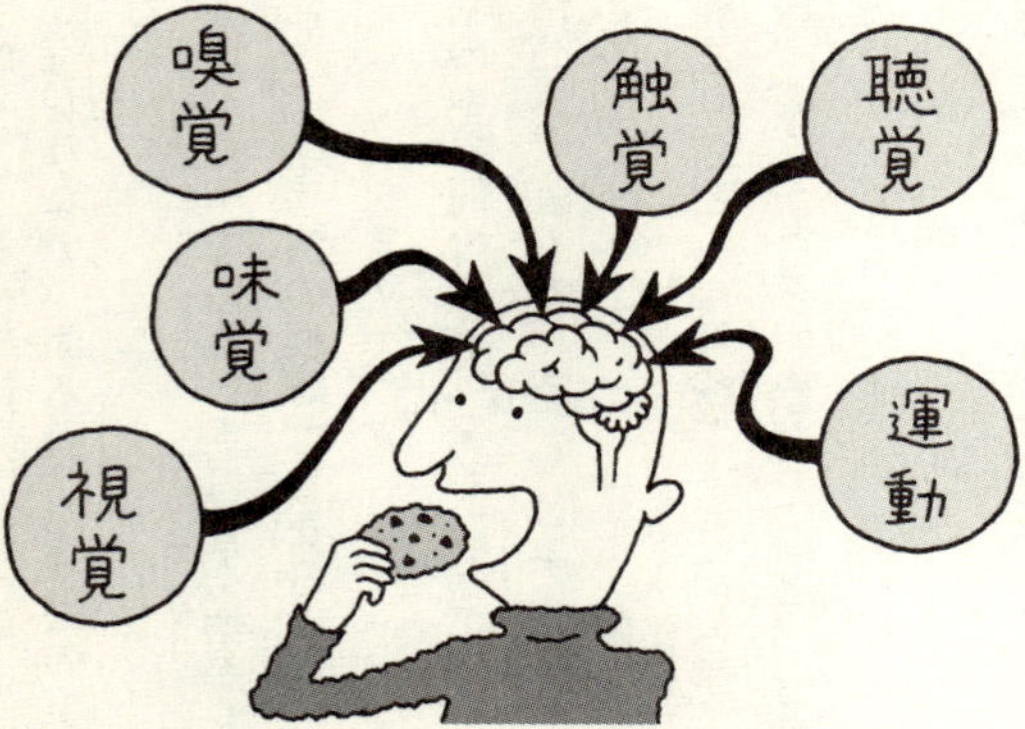

あなたの脳には、これだけの情報が一度に記録されるのだ。この中の、どれかひとつでも欠ければ、感覚を用いた記憶痕跡（暗号化された過去の経験の断片を表わす神経ネットワークのこと）としては不十分である。

また、あなたはクッキーを食べながら、最初に自分で手作りしたチョコチップ・クッキーを食べたときのことを思い出すかもしれない。

このときに考えたり思ったりしたことは、すべて「思考の痕跡」として記憶痕跡の一部となる。

それから、あなたはクッキーを食べ

ながらキッチンに行き、明日の料理の材料がそろっているかどうかチェックするかもしれない。すると、「運動の痕跡」という別のタイプの記憶痕跡が残される。

また、食べているときに昔を懐かしんだり、楽しい気分になったりすると、これらは「感情の痕跡」となる。

脳の中枢間の連絡は驚くほどよくできていて、こうした感覚、思考、運動、感情のいずれもが、「チョコチップ・クッキーを食べた」という経験を思い出させてくれるのだ。

つまり、どんな経験であれ出来事であれ、それについて感覚器官でとらえた情報、考えたこと、感じたこと、行動したことが多ければ多いほど、「記憶の痕跡」がたくさんできて、忘れにくくなる、というわけだ。

〝刺激〟が多ければ多いほど、よく記憶できる！

また、私たちの脳は〝刺激の多い環境〟にあるときほど、発達が促されることがわかっている。興味深い研究を紹介しよう。

『環境が脳を変える』という本の中で、マリアン・クリーヴス・ダイアモンドは、ネズミを次の三つの環境に置いたとき、脳にどのような変化が起きたかを報告している。

A……小さなケージにネズミを一匹入れた「刺激の少ない」環境
B……ひとつのケージに三匹入れた「標準的な」環境
C……大きなケージに十二匹のネズミを入れ、互いの接触を多くした「刺激の多い」環境

Cの「刺激の多い」環境にいるネズミには、七種類の遊び道具から毎日二つを与え、一日三十分、迷路を歩かせた。迷路では毎日仕切りを動かしてその難易度を変え、成功の褒美には小さな砂糖の塊を与えた。

すると、これらのネズミには変化が見られた。脳に栄養を送っている血管が太くなり、脳の重さが増えたのだ。**血流が増え、脳により多くの栄養がいくようになったので、脳細胞内で情報を伝える部分が増したのだ。**

ほかのケージに入れられたネズミでは、脳の重さに変化は見られなかった。仲間が二匹いるくらいでは、脳の大きさを変えるほどの刺激にはならなかったわけだ。脳を発達させるためには、**ほかのネズミと多くの接触を持ち、遊び道具や迷路のような頭を使う作業に挑む必要がある**のだ。

つまり、あなたも脳の発達を促したいのであれば、テレビの前でゴロゴロしているのではなく、ほかの人との接触を多くし、新しいことを学ぶような環境を作っていかなければならないということだ。

記憶には二つの方法がある
――「偶発的な記憶」と「意図的な記憶」

さて、「記憶」には二種類ある。

ひとつは「偶発的な記憶」である。これは、「人生の中で印象に残っている思い出」と言い換えることもできる。

たとえば、はじめてシェークスピアの劇を見て感動したとき、あるいは、野球の試合で子供がはじめてホームランを打ったときなどには、いろいろなことが自然と記憶される。

子供の誕生、卒業、結婚など、自分にとって特別な意味がある経験は、何度も思い出したり、話題にしたりするので、よく覚えている。ほかに、何かを成し遂げた経験や美しいものに感動した経験、愛する人と過ごした大切な時間なども、特別な思い出として記憶されているだろう。
このような忘れられない出来事には、愛する人の死やかけがえのない宝物を失った経験など、つらく苦しい体験なども含まれる。

それに対して、もうひとつの記憶は、「意図的な記憶」である。これは、すでに知っていることと関連づけて、新しい情報をインプットすることだ。いわゆる、「好奇心を持って新しい勉強を始める」「自ら進んで新しい知識・情報を覚える」ことなどが含まれる。

そして、この本は、自然に心に残る「偶発的な記憶の力」と、意識的に覚える「意図的な記憶の力」の両方を強化していくことを目指している。
「偶発的な記憶」を高めるには、周囲の人、場所、出来事などにもっと目を向けるように心がけると、〝日常生活のひとこま〟がより意味深いものとして、あなたの脳に記憶されていくだろう。

一方、「意図的な記憶の力」を強化するには、好奇心をもち、時間とエネルギーを費やして学ぼうという気持ちを強く抱くことが大切になってくる。

そして、どちらのタイプの記憶も、三つの段階を経てあなたの「メモリーバンク（記憶銀行）」に収まっていく。次に、その三つのプロセスを見ていこう。

記憶には三つの「段階」がある

脳が、あることを記憶するには、次の三つの段階を経る。

- 「瞬時記憶」
- 「作動記憶」を含む「短期記憶」
- 「長期記憶」

瞬時記憶と短期記憶は意識の一時的な活動で、そこに取り込める情報の量は限られている。

一方、長期記憶は無意識のもので、その容量は無限といってもよい。長期記憶に保存された情報は、普段はしまわれており、必要なときに出してくることができるしくみになっている。

✸瞬時記憶——二、三秒しか続かない記憶

瞬時記憶は感じとったことに反応するまでの間、せいぜい二、三秒しか続かない。

これは、たとえばパソコンのキーを打つといった作業に都合がいい。ひとつの単語を打つごとに、その語の瞬時記憶は消えるので、前の語の記憶が次の語をタイプする作業の邪魔をすることはない。

例をひとつ示そう。

ある日、バーバラが車で高速道路を走っていると、さまざまな色の車が彼女を追い越していった。そのとき彼女は友達との三時の約束のことで頭がいっぱいだった。

その晩、夫が突然こう言った。

「今日の午後に起きた強盗事件を知ってる？」

「いいえ。どうして？」

「高速道路のサービスエリアにあるガソリンスタンドで起きたんだ。ニュースではちょうど三時ごろだと言っていたよ。犯人は緑色のステーションワゴンで逃げたそうだ」

「ちょうどそのころ、そこにいたわよ。でも、緑色のステーションワゴンなんて見なかったわ」

その日の午後、バーバラはこれから会う友達との約束のことばかり考えていたので、さまざまな色の車が追い越していったが、それらの車の記憶は何も残らなかったのだ。

だが、注意を引いた瞬時記憶は消えない。たとえばこんな場合は、バーバラとは違った結果になる。

トムが車で高速道路を走っていると、いろいろな色の車が追い越していった。そのとき、真っ赤なオープンカーが彼の目にとまった。トムは自分の車を、その車の後ろにつけた。「なんていい車なんだ!」と彼は思った。

赤い車がトムの注意を引き、その記憶は瞬時記憶から短期記憶へと移行したのだ。

✸短期記憶──新しい情報を〝一時的〟に保存・分類

短期記憶も一時的なものだ。新しい情報はここで一時的に保存され、分類される。その後、永久に保存されるか、あるいは消えるか、どちらかの道をたどる。

物忘れは多くの場合、短期記憶に一度に取り込める情報の量が五つから七つに限られているために起きる。しかし、**ここにある情報は、あなたが注意を向けているかぎり消えない。**

このときの記憶を「作動記憶」と呼ぶ。

頭の中でその新しい情報は、分類されたり、ほかの情報と比較されたり、関連づけられたりする。

通常、その結果、長期記憶に移行する。

引き続きトムの例を見てみよう。

トムはその後ずっと赤い車のことを考えていた。

妻と二人ではじめて買った車も赤いオープンカーだった。とても気に入っていたが、維持費がかかりすぎるので手放した。それ以来、実用的な車ばかり買っている。

子育ても一段落したことだし、もう少しグレードの高い車に乗ってもいいんじゃないか、とトムは思った。

欲しいのはずばり、赤いオープンカー!

もっと頑張って仕事をすれば買えるだろう。妻も反対はしないだろう。

今晩、妻に話してみよう、とトムは思った。それで彼女が賛成してくれたら、明日にでもディーラーに電話で相談してみるつもりだ。

この例で、トムが考えたことは、

・その色や形に対する自分の気持ちを考え、新しい車を買おうかと考える

↓

・もっと仕事を頑張ってお金を作ろうと計画する

・その計画を妻に話し、彼女が賛成してくれたらディーラーに連絡をとろうと決める
↓

このような処理段階を経て、高速道路で見た赤い車、そして赤い車を目にしたことで思ったり考えたりしたことがトムの長期記憶に保存されていくのだ。

長期記憶――〝メモリーバンク〟の保存スペースは無限

長期記憶、つまりメモリーバンクには、百科事典の何百倍もの容量があるといわれている。保存のスペースは無限だ。

長期記憶に移行した情報は、脳内のさまざまな中枢に保存されるが、これらの感覚や思考、感情、行動からできた記憶痕跡は互いに深いつながりを持っているので、どれかひとつをとっても、そのうちのいくつかを集めても、ひとつの出来事を思い出させてくれる。

特に匂いは、記憶を呼び覚ますのに効果的だといわれている。たとえば、ハマグリを焼く匂いをかぐと、夏の午後、家族でドライブに行って、海辺のレストランで焼きハマグリを食べた思い出がよみがえるだろう。

ここで、「記憶の痕跡」がいろいろあると思い出しやすいという例をひとつ紹介しよう。

ダグは高校の同窓会に卒業以来何十年かぶりに出席した。途中、見覚えのある男性に挨拶されたが、名前が思い出せなかった。

すると、その男性はこう言った。

「ほら、覚えてるだろう。金曜の午後によくテニスをしたじゃないか」

それを聞くと、すぐに彼が誰だか思い出した。

「ああ、もちろん覚えているさ。ジョンだろ。君はたしか学校の裏手に住んでいたよな。そうそう、妹のジュディはどうしてる？　かわいい子だった」

見覚えのある顔という手がかりだけでは名前は思い出せなかったが、金曜の午後のテニスという手がかりから、ダグは彼の名前ばかりか、ほかのいろいろなことも思い出した。

このまま二人が昔話を続ければ、古い思い出が芋づる式によみがえることだろう。

長期記憶に保存されている情報は、新しく加わった情報よりしっかりと記憶されているからだ。

要するに、瞬時記憶、短期記憶、長期記憶の三つは段階的で、瞬時記憶が注意を引くと短期記憶に移行し、そこで作動記憶による処理を経て長期記憶に統合されるのだ。

記憶の3段階

一時期な記憶

1.瞬時記憶… 2、3秒か、もっと短い瞬間的な記憶。受け取った情報を、そのままの形で瞬間的に保存する。

↓

2.短期記憶…
(作動記憶を含む) 数分程度の短い記憶。一度に記憶できる情報は、最大7個までと限られているが、注意した情報を一時的に保存する。海馬によって、情報の取捨選択が行なわれる。

↓

長時期な記憶

3.長期記憶… 数時間〜数カ月、ときには一生忘れないしっかりした記憶。長期記憶として保存された情報は、必要なときに取り出すことができる。記憶の容量は無限。

これは怖い！
記憶は「受け止め方」でまるで違ってくる！

知識は「一般的な知識」と「個人的な知識」の二つのタイプに分けられる。

一般的な知識とは教育や経験を通して身につく知識で、その人が属する文化の様式などもこれに含まれる。私たちは一生この知識を蓄積し続ける。

このタイプの記憶は、新たな情報を加えるか、新しい情報で書き換えるかしないかぎり変わらない。

だが、**最初にしっかりと覚えていなかったり、長期間使わなかったりすると、薄れてしまうことがある。**

一方、個人的な知識とは、生活の中で起きた出来事や経験だ。こういった記憶は、時間がたつと大きく変わってしまうことがある。記憶を呼び覚ましたときの状況やそのときのあなたの考えや気持ちが、その記憶に影響を与えるからだ。

たとえば、学生時代には、お金を五ドル落としたという経験は大損害として思い出されるだろう。だが、就職してから思い出せば、たいしたことではないと思える。

また、成長してものの見方が変わったために、記憶が変わることもある。親や権威のある立場の人たちに対する怒りや反抗心は、自分自身が親になり権威ある立場につくと大きく変わるものだ。

さらに、記憶が邪魔をし合うことがある。

チャールズは弟と、毎年家族で祝っていたクリスマスの思い出話をしていた。弟がくすくすと笑いながらこう言った。

「町に引越しをして最初のクリスマスは愉快だったね。父さんがクリスマス・ツリーのてっぺんに星をつけようとして、ツリーに倒れ込んでツリーを折った年だよ。覚えてる？」

「ああ、父さんがツリーを折ったのは覚えてるよ」とチャールズは言った。

「でも、あれは引越す前のクリスマスだ。ほら、覚えてるだろ。盛大なパーティーを開く予定だったじゃないか」

「違うよ！　ときどき思うんだけど、僕たちはとても同じ家で育ったとは思えない！」


二人とも同じことを覚えてはいるが、その記憶が違っている。共にひとつの出来事を経験しても、その受け止め方がまったく違うと記憶も違ってくるのだ。

この違いは、その出来事を思い出すときのそれぞれの状況や気持ちによって、二人の記憶がゆがめられるために生まれる。だから、同じ経験をしても二人の記憶が年々異なっていく、ということがよく起きる。

ドロシーとメアリーの姉妹は、子供のころ、いっしょにはじめてジェットコースターに乗った。ドロシーは少し怖かったけれど、ぐんぐんと上っていって、それからストーンと落ちる感覚が大好きだった。

だがメアリーのほうは、怖くて怖くて目を開けることができなかった。手すりをあまり強く握り締めていたので、ジェットコースターが止まったときに手を離すのに苦労したくらいだ。

この経験についての姉妹の記憶は異なる。

ドロシーはその後もときどきジェットコースターを思い出すとき、「あとで乗ったものと比べ、はじめて乗ったジェットコースターに乗っていたので、はじめて乗ったジェットコースターは、それほど怖くなかった」と思う。ところが、メアリーは「ジェットコースターには、もうぜったいに乗らない」と心に誓ったので、はじめて乗った経験を今でも悪夢のように思い出すのだ。

車や自転車の運転と方程式を解くのは同じ脳？

一度それをマスターしてしまうと、まったく何も考えずにできるようになるものがある。

車や自転車の運転などだ。

こうした手続き的記憶を使う頭脳的な技能としては、計算や文法がある。方程式を解いたり、文章を図式化したりする技能だ。

複雑な技能を長い間使わないでいると、思い出すのに時間がかかるかもしれないが、一度思い出せば、すぐに難なく使えるようになる。

ただ、これらは記憶力を高める方法とはあまり関係ないので本書では触れないでおく。

川島隆太の「脳を活性化させるヒント」①

☑ 〝記憶の定着率〟を上げる「暗記法」とは？

「年のせいか、最近、物忘れが激しい」などと悩む人がいますが、そもそも脳はすべての情報を容易に記憶できるものではありません。

脳の中の**「前頭前野」は、記憶をつかさどる重要な部位**ですが、この「前頭前野」が情報の取捨選択を行なっています。「前頭前野」で不要と判断された

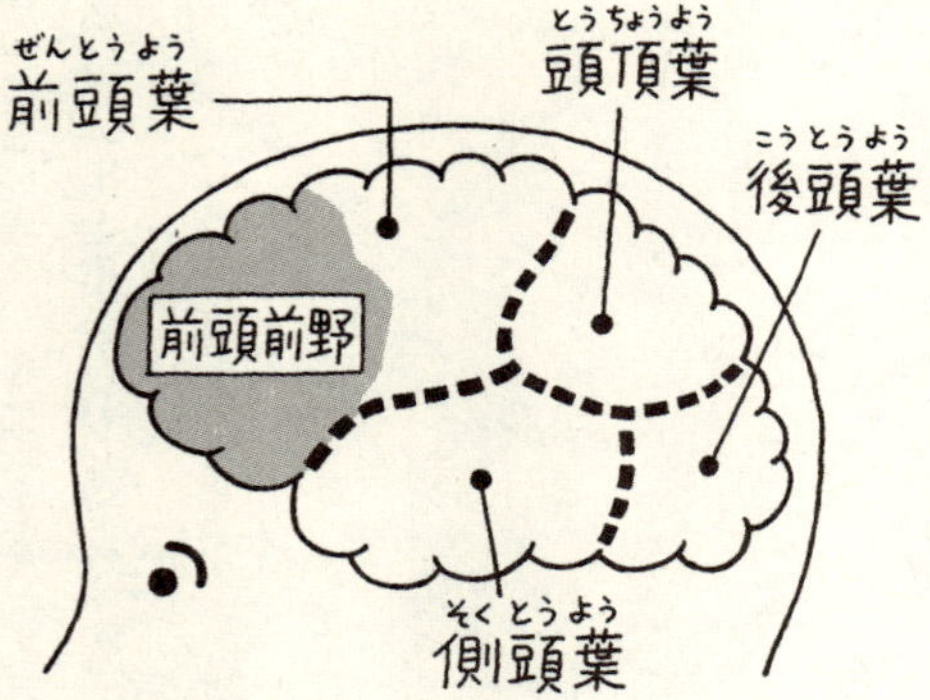

情報は、容赦なく消去されてしまうのです。

ですから、大切なことを覚えておくためには、「前頭前野」にこれは重要な情報だと認識させなければなりません。

それには、どうするか？

数ある情報の中でも、印象に強く残ったもの、脳にとって有益なもの、そして自分が経験したことは、「長期記憶」になりやすいことが実証されています。

この特徴を利用することで、記憶を意識的に定着させることができます。

たとえば、日本史で「京都の○○という場所で起こった事件」を記憶しなければならない場合、単に事実そのものを暗記するよりも、京都に旅行に行った自分の思い出と重ね合わせて覚えると、格段に記憶の定着率が上がります。

2章

「記憶力」強化プログラム

即・効果アリ!

覚えやすく、忘れにくい！記憶の即効プログラム

よく「物覚えが悪い」とか、小説を読んでも何が書いてあったかすぐ忘れてしまい、前にもどってまた読み返す、という話を聞く。

それは、頭が悪いからではない。ただ「覚え方」が悪いのである。

頭がいい人は賢く、効率よく記憶している。

そこで、今日からすぐ始められて、役に立つ記憶法をお伝えしていこう。いずれも、その効果は〝実証ずみ〟のものばかりである。あなたもぜひ、試してみてほしい。

1 「感覚情報」を活用する
――「五感＋直感」で〝思い出すきっかけ〟が増える！

脳に大量の情報を記憶させるには、どうしたらいいか。

私たちは視覚、聴覚、触覚、味覚、嗅覚の、いわゆる「五感」と、体の動きから感じとる「運動感覚」、そして心の知覚能力から生まれる「直感」によって短時間に大量の情報を取り込むことができる。

たとえば、初対面の人に会ったとき、

・目は↓相手の髪の色や質感、髪型、目の色や形や表情、顔の目につく特徴、体の大きさ、体形、態度、動作、服装などを観察する。

・耳は↓相手の名前を聞きとり、その人の声の質を感じとる。
・鼻は↓香水や石鹸などの匂いを感知する。
・触覚と運動感覚は↓握手から冷たい手か温かい手か、堅苦しい動きかリラックスした動きかを感じとる。
・直感では↓相手が社交的か引っ込み思案か、積極的か消極的か、意欲的か無気力か、などを感じとる。

相手が誰であっても、こうした「感覚情報」をしっかりと意識してインプットしておくと、あとで思い出す「きっかけ」になる。

・テレビの歌番組で歌われた曲を聴いて、それが子供のころ母が歌ってくれた歌だと気づき、優しい母の温かさを思い出す。
・海風の香りから、生まれてはじめて海水浴に行ったときの胸の高鳴りを思い出す。

・ピリッと辛い漬け物をかじると、おばあちゃんが田舎の家の台所で、漬け物を漬けていた姿を思い出す。

どの感覚情報に敏感かは人によって異なる。視覚情報に敏感な人もいれば、聴覚情報に敏感な人もいる。嗅覚の情報は昔を思い出させる力が特に強いので、人や場所に特有の匂いをかぐと、それが誰だか、そこがどこだかわかる場合が多い。

あなたはどんなタイプの感覚刺激にいちばん敏感だろうか。

もっとも繊細に反応する感覚をとぎすませると、記憶力のいい人に近づけるはずだ。

②「映像化」して脳裏に焼きつける

――〝心の目に浮かぶイメージ〟は多いほどいい！

あなたがある人や出来事、風景などを思い出すとき、心の目にはそれぞれのイメージが浮かぶだろう。心に映るそういったイメージは、名前のように抽象的なものとは違い、具体的な映像として思い出されるので、記憶を呼び起こすのにとても役立つ。

初対面の人と会ったときなどは、その人の「イメージ」を心の目に焼きつけて、それをときどき思い出していると、覚えやすい。たとえば、山小屋で会った人のことは、こんなふうに思い出す――二人で暖炉の前に立って脇にある薪を見ながら、こんなに見事な薪をどこで手に入れるのだろう、と話している光景が見える。あのときのあの人は何という名前だったか？　そうそう、デーヴだ、といった具合に。

また、彼のヤッケの裏に「デーヴ」という名札が縫いつけてあるところを想像すると、またひとつ別の記憶痕跡ができる。


また、小説を読むときは、登場人物の実際の姿を想像すると、ストーリーが心にしっかりと残るばかりか、小説の世界があなたの中で豊かに膨らんでいく。

主人公の姿を映像にするときには、実生活や映画などからモデルとなる人物の姿を借りてきてもいい。

たとえば、舟に乗った年老いた漁師の話なら、映画『老人と海』の一シーンを思い浮かべたりするかもしれない。

また、ほかの人のイメージをダブらせるにせよ、新たに想像するにせよ、登場人物の行動を視覚的に思い浮かべると、物語が生き生きとして心に残りやすくなる。

これは実生活でも役に立つ記憶法だ。

それから、場所やものを覚えようとするときは、それを視覚的に脳裏に焼きつけると忘れにくくなる。

たとえば、はじめての場所に行こうとするとき、地図を目に焼きつけておくと途中で地図を確認しなくてもすむことがある。

人から場所の説明を聞いたら、その説明を頭の中で地図に置き換えるといい。

つまり、目的地までの地図を思い描くのだ。そうすると、耳で聞いた情報以外の記憶痕跡ができ、行き方を忘れにくくなる。

また、帰り道では、来た道を頭の中で逆にたどっていくと、自分がどこをどう通ってそこに来たのかわかり、道に迷うこともない。

慣れない土地なら「角にコーヒー店があって、そこから少し行ったところに、背の高いビルがあって……」といった具合に、頭の中で通った道を思い描きながら「復習」すれば、次に訪れたときにも迷わずにたどり着けるだろう。

これは、探し物を見つけるときにも役に立つ方法だ。

③ 「声に出す・言葉で確認する」

――〝ひとり言〟は「うっかり忘れ防止」にすごい効果を発揮！

声に出して確認した情報や出来事は、ただ目にしただけの情報よりも、脳にしっかりと記憶される。たとえば一日の予定は、日程表を見ながら実際に口に出して確認しておくと忘れない。

・「九時に営業二課の新商品会議」
・「十二時にA社の営業部長と昼食」
・「その足でB社にまわり、ジョセフ・グルッツと打ち合わせ」
・「七時、新プロジェクト発表会に出席」

また、重要な書類をどこにしまったか忘れないためにも、いちいちこんなひとり言を言ってみる。

・「戸籍抄本は証明書のファイルの中、パスポートといっしょにしておこう」

・「おっと、預金通帳は左の引き出しだ」

・「電気料金の請求書はこれから支払うほかの請求書といっしょにしておこう」

重要なことを何度も繰り返し声に出しておくと、これからしようと思っていたことを忘れない。テーブルをセッティングしながら「六時になったら火を止める」と繰り返し言っていると、鍋を焦がさずにすむというわけだ。

この**「ひとり言を言う方法」**は、どこかに行こうとするときにも役に立つ。声に出しても出さなくてもよい。はじめての病院に行くなら、事前に地図を見ながら、「病院に行くには、最初の大きな交差点で右に曲がって、中央通りに出たら左に入って少し進み、今度は右に曲がる」といった具合に自分に語りかけておくと、地図なしで目的地に着ける。

それまでの行動を声に出してさかのぼり、思い出していく方法もある。手袋をなくしたときなど、「ええと、どこに行ったかしら？　コンビニに行ったわ。その前に行ったのはクリーニング店、その前にスーパーで食料品を買うときにも手袋を外した。あのスーパーにあるに違いないわ」と考えていくのだ。

仕事中に忘れ物をしないようにと、こんな方法を編み出した人もいる。

「大量の荷物を運ぶ仕事があったんだ。途中で荷物を降ろすと、そこを発つときに必要のないものまで降ろしてしまいそうでいつも心配だった。そこで『最終地点まで運ぶものは六つ』と、ひとり言を言う方法を考えだしたんだ。そうすれば、途中で荷物を降ろしても、その場所を離れるときにトラックの中の荷物の数を数え、数が足りないときには、あれは持った、これも持ったというように確認するから、間違って降ろしてしまったものは何かがわかる。この方法でミスをしなくなったよ」

何かの作業を途中で中断されたときにも、どこまでやったかを言葉にしておくとよい。シチューを作っている最中に電話が鳴ったら、電話に出る前に「次は塩とコショウ」といった具合にだ。

こんなふうに簡単な手がかりを言葉にしておくと、香辛料を入れすぎたり、入れ忘れたりしなくてすむだろう。

喉まで出かかっているのに思い出せない名前を思い出すのにも、声に出してみることは役に立つ。覚えたときにしっかりと記憶できていれば、すぐには思い出せなくても、たいていいずれは思い出すものだ。

しかし、どうしても今思い出したいと思ったら、次のような方法をとってみるとよいだろう。

○五十音を最初から順に言っていく。「ア、イ、ウ、エ、オ……、ガ、ギ、グ、ゲ、ゴ……、ゴードンだ」

- いろいろな語を言ってみる。「クック」に似た名前だがクックではないと思ったら、「コーク、コープ、コール、コーク……」と言ってみて「そうだ、コッホだ」と思い出す。
- 思い出す際のキーワードや、名前に関連して覚えていることを反芻《はんすう》する。

また、たくさんのことをいっぺんに覚えるときには、頭文字をとったり、ひとまとめにしたり、韻をそろえてリズムにのせたりすると覚えやすい。

- アメリカの五大湖の名前を覚えるのなら、「Huron（ヒューロン湖）」「Ontario（オンタリオ湖）」「Michigan（ミシガン湖）」「Erie（エリー湖）」「Superior（スペリオル湖）」の頭文字をとって、「HOMES《ホームズ》」と覚える。

ひと月の日数を「三十日の月は四月、六月、九月、十一月。二月は二十八日でうるう年だけ二十九日。ほかの月は全部三十一日」と、まとめて覚えている人も多い（日本では「西向く士《さむらい》」、つまり、二、四、六、九、十一月となる）。

何かをひと続きにして覚えるときは、めちゃくちゃに並べるのではなく、何かの法則にそってきちんと並べて覚えなければならない。たとえば、歴代の国王や大統領のように年代順に覚えたり、通りの名前なら北から順に覚えたりするのだ。

頭文字をつなげたものや、リズムをつけてつなげた言葉をときどき思い出して言っていると、情報がメモリーバンクにしっかりと収まっていく。そうすると、必要なときに必要な情報を思い出せるだけでなく、記憶力が全般にわたって鍛えられていく。

4

「関連づけ」で記憶の足跡を増やす

——頭のいい人はこんな〝思考プロセス〟が習慣になっている！

記憶力を強化するためには、「関連を見つける」のもいい。つまり、いろいろ連想をしてみるのだ。たとえば、名前を覚える場合、次のようにするとよい。

・この人は誰に似ているだろう？　友達？　テレビに出てくる人？
・この人の名前は何を連想させるだろう？　誰かほかの人？　店の名前？　動物？

こういう思考のプロセスは、たとえぴったりとした関連が見つからなくても、その人を印象づける記憶の痕跡を増やしてくれる。そして、通勤電車の中や仕事中などに頻繁に実践していると、関連づけをする思考プロセスが習慣となる。

この関連を探す習慣がつくと、読んだものの内容を覚えておくのも非常に楽になる。たとえば、読みながらこんなことを考えればいいのだ。

・今までに知っていたことと、どのように違うのだろう?
・どんな意味があるのだろう? 将来どのような意味を持つのだろう?
・どのように活かせるだろう?

このように、読んだものに登場する人、もの、出来事、場所、考えなどと、自分が知っている人やものなどを考え合わせて、因果関係や類似点や相違点を見つけていけば、より深く脳に記憶を定着させることができるのだ。

関連がなければ「関連を作る」

また、関連が見つけにくい場合は、自分なりに連想して「関連を作る」努力をしてほしい。これは、特に日常生活で忘れてはいけないことを覚えておくのに役立つ。

覚えておきたいことを、日々の習慣や行動に関連づけておくのだ。

・いろいろな買い物があるとき、金づちを忘れてはいけないなら、自分が収納棚の修理方法を店員に尋ねているところを思い浮かべる。
・日曜の朝食と熱帯魚の餌やりを結びつけて覚えておく。
・車にエンジンをかけたら、必ずガソリンをチェックするように自分に言い聞かせる。

このように、「関連づけ」は、「覚えておきたいこと」を忘れないための手っとり早い方法である。

5 情報は「グループ分け」する
——記憶の「引き出し」にきちんと整理しておくのがポイント

たくさんの情報はいくつかの「グループ」に分類し、必要に応じてさらに細かいグループに分けると記憶として定着しやすい。これを「チャンキング」という。

最新の脳科学研究により、こうしたグループ分けの過程で記憶力が高められることが明らかになっている。

興味深い実験結果を紹介しよう。

ある研究者が被験者に暗記する内容を単純に書き出してもらったところ、彼らの記憶テストの点数が二九パーセント上がった。

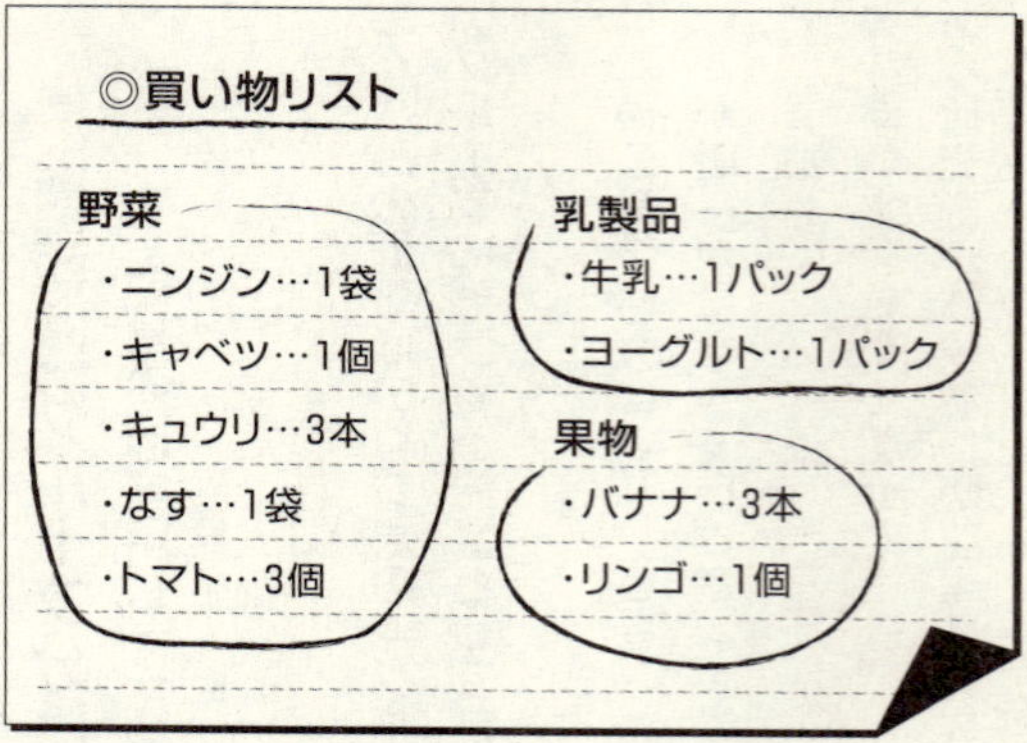

だが別の研究では、被験者に暗記する内容を書き出してもらい、さらにそれをいくつかのグループに分類してもらったところ、彼らの記憶力は六〇パーセント以上も上がったという。

たとえば、買い物リストを作るときは、買うものを乳製品、缶詰、掃除用品、野菜・果物というようにグループ分けすると買い忘れがなくなる。

ただし、グループ内の項目は七個以内におさえたほうがいい。短期記憶の限界で、脳は一度に七個までしか覚えられないからだ。

たとえば、野菜・果物の点数が七個を超えてしまうときは、さらに野菜五個と果物二個といった具合に別に分類すると、すべての商品を覚えることができる。

そうしておけば、たとえ何かに気をとられてせっかく書いておいた買い物リストを家に置き忘れても、リストにあった商品をかなりの確率で思い出せるはずだ。

6 「反復」する

――「繰り返し」で記憶の定着率は確実にアップ！

「繰り返し」は、記憶を定着させるうえできわめて大切だ。

繰り返しは、作動記憶が情報を整理して長期記憶に取り込むまでの間、その情報を短期記憶にとどめておくのを助ける。

たとえば、**はじめて会った人の名前を覚える**ならこれがいちばんだ。

相手の名前を聞き、自分も相手の名前を実際に口に出し、相手の名前について考え、視覚的なイメージでとらえ、文字で書き、書いたものを読む。このようにさまざまな形で相手の名前に触れる機会を持つことで、しだいに「なじみがある」と感じられてくる。

電話番号も繰り返すと覚えやすいもののひとつだ。

だが、電話番号など、単純な数字の羅列などは、ほかの記憶方法でも覚えておかないかぎり、あなたの注意がほかのものに向けられたら、とたんに消えてしまう。

一般に、言葉でも名前でも、ものでも出来事でも考えでも、**繰り返した回数が多ければ多いほど、記憶に定着する。**

7 「予習・復習」をする

——復習は「すぐ後」にすると効果倍増！

記憶を確かなものにするためには、「予習」や「復習」は欠かせない。

この二つは「記憶を定着させる」ときにも、「記憶したことを思い出す」ときにも役立つ。

もちろん、復習を「繰り返す」ことで、その効果がさらに高まることは言うまでもないだろう。

社会人であれば予習は、朝手帳を見ながらその日の予定を記憶することが当てはまるだろう。

・その日のスケジュールを見る。それから目を閉じて、そこに書いてあったことを思い浮かべる。

・書いてあったことを頭の中で繰り返す。

・繰り返した内容を互いに結びつけて考える。

・関連して何かを思い浮かべる。

復習は、何かが起きたすぐ後にすると効果的だ。

たとえば、資格試験を難なくクリアできる人は、たいてい復習の鬼である。スクールでの講義の不明点は、講義後すぐに講師に教えを請い、理解を深めている。また、クラスメイトとその日の授業を復習し、互いに質問し合うことで、記憶をよりしっかりと定着させる。さらに夜にはひとりでもう一度復習したりする。

また、ある程度の時間をおいて何度も復習すればするほど、あなたの記憶は、積み重ねた石でできた城のように強固になっていく。

復習が習慣になれば、まさに怖いものなしだ。

8 時間をおいて「予習・復習を繰り返す」

——「通勤・通学」電車の五分間が使える！

予習も復習も、「時間の間隔をあけて繰り返す」といっそう効果が上がる。ちょっとした息抜きの時間や待ち時間を「予習・復習タイム」として利用するとよいだろう。

次に示すのはキャロライン・ローウェルの経験談だ。

キャロラインはスペイン旅行を楽しみにしていた。彼女は出発前になんとしてもスペイン語を勉強したいと思ったが、そんな時間なんて、いったいどこにあるのだろう。

しかし、予定を見ると、ところどころに待ち時間が少しずつあった。子供を学校に迎えに行き待っている時間、病院の待ち時間、スーパーのレジや有料道路の料金所の列に並んでいる時間などだ。そこで、そういう時間に、スペイン語のテープを聞くことにした。

それに加えて、キャロラインは毎晩少しずつスペイン語の文法書を読み、さらに時間をおいて復習した。

すると、嬉しいことに、思ったよりずっと早くスペイン語に慣れることができた。

時間の間隔をあけた復習は、新しいことを勉強するときに有効だ。特に語学をマスターしたいときや歴史上の人物名や重要な出来事のあった年を暗記するような場合に効果的だ。

どんな学習においても、すでに知っている知識と関連づけながら勉強すると、新しい記憶痕跡がスムーズに形成されやすい。そして、時間をおいて復習すると、なおいっそう深く記憶に刻まれるのだ。

9 「記憶を助ける道具」を使う
――〝重大な物忘れ〟は一〇〇％防げる！

いろいろなことを覚えておかなければいけないと思うと、気がめいることがある。そういうときは外部にメモリーバンクを持つといい。

誰もが記憶するために日程表、メモ帳、タイマー、テープレコーダー、住所録、記録帳、付箋など、すでにさまざまな道具を使っているだろう。

記憶力を高めるために大切なのは、こうした道具を〝効果的に〟使うこと。つまり、どれを使えば物忘れの少ない快適な生活を送ることができるかを考え、実際に使うことだ。

道具の利用法は無限にある。

・タイマーをセットしておけば、仕事に追われていても、大切な取引先に電話をすることを忘れることはない。

・メモは一行のものでも何ページかの長いものでも、備忘録として役に立つ。また、計画的に充実した生活を送る一助にもなる。

・日記には大切な日をマークしたり、日々の出来事を書いておく。また、何かに挑戦したとき、成功したとき、悲しみのとき、喜びのとき。また、病気や健康診断の記録、会った人についての大事な記録などを残しておく。

・忘れたくないものは、ぜったいに忘れないものといっしょに置いておくといい。たとえば、投函し忘れてはいけない封書は、車で出かける日には車のキーといっしょに置いておく、というやり方だ。

これらは、確実にあなたの記憶の助けになるばかりか、記憶力の強化にも役立つに違いない。

川島隆太の「脳を活性化させるヒント」②

☑記憶力がいい人は、手も口も動かす!

試験前に、数学の公式や英語の単語を丸暗記したものの、試験が終わったらすぐに忘れてしまったという経験をお持ちの人は多いはずです。これは、単に暗記をしているだけで、しっかりと理解をしていないことに原因があります。

理解していない情報は、応用したり活用したりすることができません。ですから、脳が不要な情報と認識してしまうのです。
意味のない数字や文字の羅列を記憶するのがむずかしい理由は、ここにあります。

しかし、そうした意味のない情報でも、記憶を定着させるコツがあります。そのひとつが、皆さんもよくご存じの「語呂合わせ」です。

たとえば、知人の電話番号を覚えなければならないとき、単に数字を丸暗記するよりも、**数字の羅列をストーリーや言葉に置き換えて覚えたほうが、すんなり暗記できると同時に、長い間、記憶することができます。**

ストーリーや言葉によって、意味のない数字の羅列に、意味を持たせることができるからです。

このとき、ただ目で見て覚えるよりも、声に出して唱えたほうが、聴覚を刺激する分、記憶が残りやすいといえます。

さらに、手で書きながら覚えると、運動の要素も加わるため、記憶の定着率はいっそう上がります。

3章

「脳」を元気にする〝動機・やる気づけ〟法

記憶も「ポジティブ思考」で！

「目標がある人」の脳はフル回転している

あなたがまだ本気で記憶力を高めようと思っていないのなら、今こそやる気を出すときだ。やる気になれば、記憶力を強化するために毎日少しずつ時間を割くようになる。それは記憶力を高めるためだけでなく、毎日充実した生活を送るためでもあるのだ。

教師になったばかりのジュディは、はじめてクラスの担任を務めることになった。

「子供たち全員の名前を、いったいどうやって覚えたらいいのかしら」

不安になったジュディは、いい方法を考えついた。最初は子供たちをアルファベット順に座らせて、座席表を作る。そうすれば、子供たちを見ながら、それぞれの名前が確認できる。

それから、みんなが友達になれるようなゲームをすれば、子供たち同士も知らない顔ばかりのはじめてのクラスで戸惑うことなく仲良くなれるに違いない。


私たちは何かのきっかけで**やる気になると、目標達成に向けて計画を立て、集中してそれに取り組むものだ。**ジュディも、自分の目標は、まずは子供たち一人ひとりの名前を覚えることだとしっかりと決めたから、アルファベット順の座席表を作ろうという気になったのだ。

あなたは何のために記憶力を強化したいのか？　物忘れを防ぎたいのか、それとも資格や学位を取得したいのか。まずはしっかりと目標を定め、それをつねに意識しながら記憶力の向上を目指すことである。

『生きる情熱』（ミュリエル・ジェイムスとジョン・ジェイムスの著作）によると、目標を必ず達成できる人間が備えている資質は、次の七つだそうだ。

これらの資質は天然資源とは異なり、使えば使うほど増え、いっそう効果を増していく。

記憶力向上を目標に掲げる私たちも、ぜひとも、この七つの資質を磨いていこう。

1　希望
2　勇気
3　好奇心
4　想像力
5　意欲
6　思いやり、気づかい
7　何でも受け入れる積極性

結局、記憶力も「やる気」しだい!

人が何かを始める動機は、次の「〜したい」という七つの欲求から生まれるという。

それは、「生きたいという気持ち」「自由でありたいという気持ち」「楽しみたいという気持ち」「知りたいという気持ち」「創造したいという気持ち」「人と関わりたいという気持ち」「自己を超越したいという気持ち」である。

①「生きたい」という気持ちは人間の基本的な欲求であり、次の三つの目標、「生存すること、快適に生きること、生活に意味を見出すこと」につながっていく。

②「自由でありたい」という気持ちから、自分の生活は自分で管理したいと思

う。

③「楽しみたい」という気持ちから、私たちは幸せを求めようとする。

④「知りたい」という気持ちから、知識を求めようとする。

⑤「創造したい」という気持ちから、自分なりの方法で自己表現をしようとする。

⑥「人と関わりたい」という気持ちから、愛を求め人間関係を築こうとする。

⑦「自己を超越したい」という気持ちから、現在の自分以上のものを求め、完全なる自己を目指して成長し、自己を超えたもっと大きな存在と一体化しようとする。

あなたが記憶力を高めたいと思う気持ちも、これらの基本的な欲求と直接の関わりがあるはずだ。あなたにいちばんやる気を起こさせるのは、どの欲求だろうか。

こんなことで「頭のやる気」を殺《そ》いでいませんか！

やる気になっても、エネルギーが極端に少ない場合がある。人のエネルギーの流れを川の流れにたとえると、この流れを妨げる要因は三つある。流れをせき止めるダム、水の枯渇、そして川幅を狭める障害物だ。

エネルギーの流れをせき止める障害は、文化的な制約であることもあれば、人生経験の結果であることもある。たとえば、女性差別の傾向が根強く残っている文化の中で育った人は、「女だから」ということが障害になる。

そのほか「勉強するには年をとりすぎている」といった言葉が出てくるのは、年齢に対する偏見があるからだ。

経済的な問題もしばしば障害となる。医療費がかさんで家計が急にひっ迫することもある。経済的な不安は日常生活に大きな影響を与え、ひいては生活の質、そして覚えようとする気力にダメージを与える。

このような障害がひとつでもあると、人は記憶力を維持するために、注意力を集中し、頭を使おうという気にはなれない。

だから、これらの障害を取り除いたり減らしたりするために何らかの手を打つことが大切なのだ。

「やりすぎ」は逆にエネルギーを枯渇させる

二つ目の問題は、エネルギーの枯渇だ。

やりがいのある仕事に取り組んでいるとき、人の記憶力は自然に高まる。しかし、仕事であれボランティア活動であれ、「やりすぎ」はエネルギーを枯渇させる。それは結局、記憶力の低下を招く原因となる。

スケジュールがびっしりで体はクタクタ、頭もよく回らないのであれば、仕事の量を減らし、余暇の時間にもっとリラックスして休む方法を見つける必要がある。

ただ、ゆっくりリラックスしたいと思っても、それがむずかしい人もいるだろう。

たとえば、子育て中なら子供から手を離せないし、親の介護も同様にかなりのエネルギーが必要だ。そういう責任を負ったうえに仕事もしている人たちは、時間のやりくりに苦労することが多い。当然、覚えていられないことも多くなる。

だが、幸い多くの自治体に、こういう人たちの相談に乗ったり、彼らを支援したりするプログラムがある。

介護などの責任が重すぎてエネルギーを使い果たしている場合は、デイケア・センターのような施設や団体に相談をして、どんなサービスが受けられるか調べてみよう。

心配、不安など〝ネガティブな感情〟がエネルギーの流れを狭める

三つ目のエネルギーの流れを悪くする障害物として一般的なのは、心配・不安、恐怖、罪の意識などだ。こういう感情はときに人の心を圧倒し、ほとんど何もできなくさせる。人はどうしようもない絶望感を覚えると、その絶望感から抜け出せず、自分の問題が解決可能だとは思えなくなるものだ。

だから、毎日の生活の中で、ポジティブに考える習慣を身につけること。ネガティブな感情にとらわれていると感じたら、すぐに気分転換だ！

散歩をしたり、ずっと片づけようと思っていた引き出しをただちに整理したり、古くからの友人に電話したりしてみよう。すると楽しいことに意識を集中できるようになり、記憶の機能も自然によくなる。

エネルギーの流れを妨げるこれら三つの障害をすべて経験したエレノアの例を紹介しよう。

エレノアは送られてきた請求書の支払いを忘れるし、昔の友人の名前も思い出せないことが多い。ものも失くす。彼女は、一年前に夫を亡くし、今は若干知的障害のある成人の息子チャールズといっしょに暮らしている。

夫が亡くなってから、エレノアは友達に会ったり出かけたりしなくなった。チャールズが怒りっぽく反抗的になったからだ。彼は父親の死は母親のエレノアのせいだと言い、彼女を「悪女」と呼んだ。チャールズは体が大きいので、エレノアは彼が怖かった。チャールズは町の酒場に行っては問題を起こし、よく警察の世話になった。

エレノアは、チャールズが次に何をしでかすか、自分が死んだあと彼がどうなるかが心配だった。医者の勧めで彼女は男性のソーシャル・ワーカーに相談した。すると、そのソーシャル・ワーカーがチャールズと友達になり、彼を連れて知的障害者のための施設を回ってくれた。やがてチャールズはそのうちのひとつに入った。

それでエレノアは再び外に自由に出かけられるようになり、夫が亡くなって以来会っていなかった友人にも会えるようになった。それから、彼女がものを失くしたり、支払いを忘れたりすることはなくなったという。

この場合、エレノアはできることを先延ばしにしていたのだ。この先延ばしが彼女のエネルギーの流れを制限し、自分自身の中に障害を作ってしまっていた。

不安や心配を抱えてエネルギーの流れが悪くなっていると気づいたら、流れをよくする方法を真剣に探してみよう。次に対策例を挙げてみる。

・毎日のスケジュールにポジティブな活動を加える。

・自分が抱えている問題を、友人に打ち明けてみる。
・医者やカウンセラーなど、専門家の客観的な意見を聞く。

もっと「快適な生活」のために頭を使おう

ちょっとした物忘れだったら、少々落ち込みながらも笑い飛ばせる場合もある。

だが、車のキーをどこに置いたか忘れたり、人との約束を忘れたり、車をどこに駐車したかを忘れたりしたときは、笑いごとではすまされない。うっかりキーを抜き忘れたために、雨が降る寒い夜に車に乗れなかったらたいへんだ。すっかり自信を喪失してしまうかもしれない。

車のキーや眼鏡などの置き場所を覚えておく策として一般的なのは、家の中でも外でもそれを置くにふさわしい場所を、論理的に考えて選び、必ずそこに置く習慣をつける方法だ。

次に示すマリアの例は、この成功談である。

彼女は友人のシンシアに、五つの眼鏡の置き場所を覚えていられるようになった経緯をこのように話した。

「眼科に行くたびに、新しい眼鏡を作るはめになるの。今では五つも持っているのよ。普段は遠近両用の眼鏡をかけているの。でも新聞を読むときには読書用で、夜運転をするときには近眼用。それから、コンピュータを使うのには古い読書用で、それにサングラスだわ」

「たしかに五つ要るわね」

シンシアは納得した。

「でも、どれをどこに置いたか、いったいどうやって覚えているの？」

「それがたいへんだったのよ。使いたい眼鏡が使いたいときに見つからなくて、イライラしたわ。それで思い出したの。昔海軍にいた父がよく言っていたことを『ぐずぐずするな！　頭を使え！　何にでも置き場所がある。その場所に置け』って。

だから考えたの。サングラスは車の日よけにつけておく。夜間運転用の眼鏡はダッシュボードの中、読書用の眼鏡はお気に入りの椅子のそばにあるテーブルの上、コンピュータ用の眼鏡は仕事机の上に置くことにしたわ。遠近両用の眼鏡は普段かけているしね。

どの置き場所も理にかなっているでしょ。おかげでイラつくこともなくなったわ」

この方法を使うと、ものの置き場所を忘れることがなくなるばかりか、記憶力が全般的に向上する。

〝意味づけ〟ひとつで、しっかり記憶に残る

誰でも自分にとって意味のある出来事はしっかりと記憶に残り、簡単に思い出せるものである。

たとえば、医療保険制度に関心があれば、その制度が自分や家族にどのような恩恵をもたらすか考えようとするだろう。自分にとって意味があると、複雑な制度の詳細も覚えていられるものだ。

物忘れや記憶力の低下に悩む人は多いが、私たちは自分にとって意味のあることは忘れないものだ。だから、日常の経験や目に触れる情報が「自分にとってどんな意味を持つか」を考える習慣がある人は、たいてい物覚えがいい。

また〝新しい意味づけ〟ができれば、新しい記憶の足跡が生まれるから、記憶を引き出しやすくもなる。これからは、あなたもこんな具合に「意味を見出

すクセ」をつけてはどうか。

・読んだものの中に、その作品ならではの意味を見出す。
・友達とおしゃべりをしているとき、今友達が話している経験はその人にとってどんな意味を持っていたのか、考えてみる。
・テレビでニュースを見たら、その裏側にはどんな意味があるのかを考えてみる。

アイロンの消し忘れ、ガスのつけっぱなし——こんな場合の〝特効薬〟

たいていの人は、どこに住んでどんな生活を送るかを自分で決めたいと思っている。

しかし、親の物忘れが激しくなると（たとえば薬の飲み忘れ、アイロンの消し忘れ、鍋を火にかけっぱなしにする、など）、息子や娘たちは親に代わって意思決定する人が必要だと考える。こうなると、人は物忘れをなんとかしようと真剣に考える。

セルマとリンダには共通の心配事がある。二人ともポットを火にかけたまま忘れ、空焚きしてしまったことがあるのだ。セルマの場合は「ボヤ寸前」になったが、幸い彼女の息子が消火器を置いておいてくれたので、自分で火を消し止めることができた。

リンダのほうは、ポットを黒焦げにしてしまったことがショックだった。それは娘からのプレゼントで、ブルーと白の飾りがついたおしゃれなポットだった。リンダは娘にこの話をするのが怖かった。以前、彼女が転んで腕の骨を折ったときのように、養護施設に入ってはどうかと家族たちが言い出すに違いないからだ。

記憶力を向上させるためのトレーニング教室に参加した二人に、ある人が電気ポットの話をした。少し値は張るが、お湯が沸くと自動的に電源が切れるポットだ。二人はさっそくこのポットを買いに出かけた。そして翌週、二人は問題が解決できたと報告した。そして、不安が解消できるなら、ポットにかかったお金はまったく惜しくない、と口をそろえて言った。

自分が記憶していなくても、その代わりをしてくれるものがあれば、任せてしまえばいいのである。

ネガティブな気持ちをいつまでも引きずらない

何か新しいことを覚えるなんて自分には無理だと思っていたり、完璧主義者で間違いばかりに気をとられていたりすると、覚えられるものも覚えられなくなる。

また、何かよくない目にあったことが、記憶する力に悪影響を与えることがある。

たとえば、最近火事の被害にあった人は、家財道具の消失を嘆き、家の修理について心配する。そうなると、注意力が奪われ、鍵の置き場所を忘れたり、大事な仕事をし忘れたり、親しい友人の名前を思い出せなくなったりする。

ネガティブな気持ちから逃れ、つねに前向きな姿勢でいることが大切なのだ。

川島隆太の「脳を活性化させるヒント」③

☑ 〝脳の司令塔〟を鍛えるには、「読み・書き・計算」がいちばん！

脳の中でも、〝脳の司令塔〟の異名をとる「前頭前野」は、記憶や思考、学習、意欲、注意、情動や行動の制御、自発性などをつかさどる非常に重要な部位ですが、私は「読み・書き・計算」が「前頭前野」を活性化させることを発見しました。

「読み・書き・計算」の「読み・書き」とは、簡単な文章を音読し、小学校で習うレベルの漢字・熟語を書き取ること。「計算」は、一桁、あるいは二桁の連続足し算、引き算などのやさしい計算問題をできるだけ早く解くことです。

こんなきわめてシンプルな勉強法で、脳の機能を高められることが実験で証明されています。現在はアルツハイマー病患者の治療にも効果を上げています。

簡単な「読み・書き・計算」を繰り返すことによって、「前頭前野」が活性化するわけですが、このとき重要なことは、「できた！」という達成感を味わえること。

一桁、二桁のやさしい計算問題ですから、誰でもできます。当たり前のようですが、この小さな成功体験の積み重ねが、「達成感」という喜びをもたらすと同時に、大きな「自信」を生み出すのです。

記憶にとっても、この「自信」が非常に重要です。**「覚えられる」という自信こそが、記憶力を高める基本中の基本である**と知っておいてください。

◎「計算」ドリルの一例

① 5＋7＝	⑥ 9－4＝
② 3＋6＝	⑦ 13－6＝
③ 5＋11＝	⑧ 35－12＝
④ 17＋25＝	⑨ 54－17＝
⑤ 57＋38＝	⑩ 73－56＝

◎「音読」ドリルの一例

草枕《くさまくら》

夏目漱石《なつめそうせき》

山路《やまみち》を登《のぼ》りながら、こう考《かんが》えた。

智《ち》に働《はたら》けば角《かど》が立《た》つ。情《じょう》に棹《さお》させば流《なが》される。意地《いじ》を通《とお》せば窮屈《きゅうくつ》だ。

とかくに人《ひと》の世《よ》は住《す》みにくい。

住《す》みにくさが高《こう》じると、安《やす》い所《ところ》へ引《ひ》き越《こ》したくなる。どこへ越《こ》しても住《す》みにくいと悟《さと》った時《とき》、詩《し》が生《うま》れて、画《え》ができる。

4章

〝好奇心〟と「記憶力」の深い関係

実感！　人生を一二〇％楽しむと脳がどんどん活性化する！

人は「楽しかったこと」はよく覚えている

ナンシーと弟のディックは、子供のころのクリスマスの思い出話をしている。

「クリスマスにおじいさんたちが来るのが、すごく楽しみだったわ。いつも家族のおもしろい話をしてくれたわね」

「おじいちゃんがトランプでずるをしたときの話、覚えてる？　それを誰かが見つけると、いつもおばあちゃんが叱るんだ。『子供たちのお手本にならなきゃだめでしょ』って。

そうするとおじいちゃんは『いかさま師には気をつけなきゃいけないってことを教えないとね。わしが教えなけりゃ、誰が教えてくれるんだい？』って言い返す」

ナンシーは笑った。

「でも、おばあちゃんに『違うでしょ。わかってるくせに。おじいちゃんは勝ちたいだけなのよ』と言われると、子供たちにウインクしながら『はいはい、おばあちゃんはいつも正しいよ』って言うのよね」

「この話は何度聞いたかわからないけど、いつも笑っちゃう」

ディックが言った。

「おじいちゃんは背が高くて大きくて、真っ白い髪がふさふさしてて、もじゃもじゃ眉毛で。おばあちゃんはすごく小さかったから、おじいちゃんを見上げて話してた。いいコンビだったね」

このような楽しい話は、家族が集まると次から次へと連鎖反応のように思い出される。

結婚や子供の誕生、はじめての就職、昇進、大きな業績の達成といった幸せなときは、しっかりと記憶に残り何度も思い出されるものだ。

小さな喜びを思い出す——これもひとつの「記憶力」強化法

完璧主義者は往々にして、失敗の記憶が邪魔をして、「楽しみたい」という欲求が満たされない。だから、あるがままの自分をもっと受け入れることが大切だ。

あなたも、ただひたすら鬱々《うつうつ》とするときがあるかもしれない。

そんなときは、日常生活の中で小さな喜びを感じさせてくれるものに目を向けることだ。長雨のあとの晴れ晴れとした青い空、旧友との楽しい時間、花の蜜を吸うハチたち、子供たちの笑い声などだ。

小さな喜びに心をとめて、それをあとで思い出す習慣をつけると、記憶力が高まるだけでなく、生活の質も改善される。

「知りたい！」という好奇心・向上心が脳に刺激を与える

好奇心は、新しい記憶のネットワークを生み出す最初の一歩となる。

たとえば、自分なりの哲学を持つようになると、昔の哲学者たちの思想も学んでみたくなり、歴史的な背景にも興味を持つようになる、といった具合にネットワークが広がっていく。

ベッツィーは友人のドロシーと会うと、よくこんな話になる。

「私は今火山に夢中なの。地面から何千キロも下の、地球の核の部分から湧き出る信じがたいほどの自然の力で、あの溶岩が噴き上げられていると思うと、畏敬の念を覚えるわ。

だから、セント・ヘレンズ山の大噴火から二、三年後に、小型機のパイロットが私を乗せてその山のそばを飛んでくれたときは興奮したわ。すばらしい経験だった」

一方、ドロシーは金融のしくみに興味を持っている。

「私は資金の運用についてもっと勉強したいの」

彼女は笑いながらこう言った。

「興味の対象はぜんぜん違うけど、とにかくいっしょに勉強しましょう」

こうして二人の勉強会が始まる。そして、この対話が、新しい発想を生み出してくれる。それがさらに、記憶力を強化する。

知りたいという純粋な好奇心から学習すると、知識が自然に頭に入っていく。これは一生続けられる記憶力強化法だ。

また、時代の流れについていこうと努力したり、まったく新しいことに手を伸ばして学んだりすると、それまであまり使われていなかった脳内のニューロン（神経細胞）が刺激される。ニューロンは情報を伝達する細胞なので、これが発達すると記憶力がアップするのだ。ニューロンが成長するためのいちばん大切な食べ物は「勉強」である。細胞は使わないと、どんどん減っていく。逆に、使えば使うほど、どんどん成長していける。

いくつになっても勉強を始めることは可能だ。つまり、何歳からでも、脳を活性化させることはできる、ということだ。

本を読みながら記憶力を強化するヒント

楽しむための読書では、いちばん美しいと思ったところ、いちばん感動したところ、いちばん重要だと感じたところを読み返し、そのすばらしさを噛みしめるといい。たとえば小説を読みながら、こんなことに思いを馳せたり、想像したりすることがあるだろう。

- 著者が描いている情景や人物像
- 物語の中の出来事に、登場人物は何を感じ、どのように反応しているのか
- 登場人物のやりとり
- 登場人物の決断

あるいは、小説の場面を、自分が見たり住んだりしたことのある場所とダブらせて、あれこれ想像するかもしれない。

登場人物が読者の手本となることもある。作品が、読者が抱えている問題の解決法を教えてくれることもあれば、読者のものの見方を変えることもある。

読んでいて作品の世界に入っていくと、心が安らいだり、喜んだり興奮したり、はらはらどきどきしたりする。そういった起伏に富んだ感情があると、読んだ内容を思い出しやすくしてくれるのだ。

「耳からの情報」を定着させる小さなコツ

私たちは講演や映画、テレビや会話からも情報を得る。

だが、残念ながら耳から入った情報は二五パーセントぐらいしか記憶に残らない。

普通、そうした情報を耳にする機会は、一度しかないからだ。しかし、「聞いて覚える力」を磨く方法はいくつかある。

たとえば、スピーチを聞く前に、参考資料を読んで勉強し、答えてほしい質問を考えておく。

いわば、予習しておくのである。そうすると、新たに耳にした情報をそれまでの知識と結びつけやすくなる。

ほかにもこんな方法がある。

・すでに知っていることとの関連を考える。
・もっと掘り下げて学習しようと思う。
・話を聞きながら、あるいは聞いたあとすぐに、メモをとる。
・聞いた内容について考えたり、誰かと話したりして復習する。

もしあなたと友人が年金問題についての講演会に出席するとしたら、何を学びたいのかを事前に考えておくとよい。

学びたいテーマをまとめ、メモがとれるようにスペースをあけた用紙を作っておいてもよいだろう。

講演の内容についてあとで友人と話し合うと、さらに深め合うことができる。

そのうえ、本や資料で内容を復習するといっそうよい。

「人の話を覚えていない！」——そのうまい対処法

相手を思いやり気づかって積極的に関わり合うとき、大切な記憶が自然に刻まれていく。

私の記憶トレーニング教室の参加者には、人に言われたことを忘れがちだと悩む人が多い。

そのような物忘れはたいてい、話の途中でほかのことに気をとられて、相手の言うことに十分な注意を向けていなかったために起きる。

近しい人との会話でも、ほかのことに気をとられると注意力が散漫になる。よくあるのは、意見が対立している場合に気が散ってしまうケースだ。

相手が話している間にどう言い返そうかと考えていると、すっかりそちらに気をとられてしまい、そのときの会話については、ほとんど記憶に残らない。

相手の意見をよく聞いていなければ、それにうまく対応できるはずもない。よく「聞いて」から「切り返す」。これが基本である。

なぜ「ウツの人」は物忘れが多いのか

心を許せる友人は、体を壊したときも家族を失ったときも経済的に困ったときも、その衝撃を和らげ、悲しみを乗り越える手助けをしてくれる。

逆にそういう友人がいないと、人はウツになることが多く、それが物忘れの原因になる。

気のおけない友人とは日常の喜びも悲しみも自然に分かち合うことができ、悩みを解消するために意見を出し合うことができる。心の支えを失ったとき、

ひとりで思い悩んでいるよりも、友人と話すことで建設的な考えにたどり着くことが多い。こういった心を許せる関係は、記憶力向上の役に立つのだ。

だが、新しい関係を築くのは、ときとしてむずかしい。健康上の問題、経済的な問題、引っ込み思案な性格などのために、自分から新しい世界に飛び込んで新しい友達を作ろうとしない人も多い。

そうすると、人との接触が極端に限られてしまう。

ぜひ積極的に見知らぬ人と話したり、新しい友達を作ったりしてほしい。

一度聞いたら忘れない！相手の名前を覚える有効ワザ

人の名前を覚えられなかったり、ど忘れしてしまったりするのは、老若男女を問わずよくあることだ。なかなか名前を覚えられないのには、いくつかの原因が考えられる。

- 第一に、たいてい名前は一度しか言ってもらえない。
- 第二に、名前が正しく聞きとれないことがある。
- 第三に、注意の不足。相手の容姿や服装、ほかのことに気をとられていることもある。
- 第四は、ストレスだ。心の中に不安感や深い悲しみなどを抱いていると覚えられない。

このような状況では、名前を忘れる忘れないの問題ではない。名前をはじめから覚えていないのだ。

そんなときは、次の方法が有効だ。

○ほかの思考を「止める」
○名前をしっかりと「聞く」
○その人を「見る」
○頭の中と実際の会話の中の両方で、聞いた名前を何度も「繰り返す」

紹介されているときに、**相手の名前をいちばんの関心事として意識を集中するだけで、頭に確実に〝インプット〟される。**

このとき、ほかの情報はすべて二の次にすること。まず名前を繰り返す（声に出しても出さなくても）ことにより短期記憶にとどめておき、その間にその人の容姿や周囲の状況、会話の内容などを記憶に刻んでいく。

会ったあとで名前を書きとめ、その人の容姿や興味についてメモしておくのも、記憶を助ける方法として有効だ。

そして**時間をおいて復習すると、名前はいっそう忘れにくくなる。**

川島隆太の「脳を活性化させるヒント」④

☑ 脳の働きを活発にする積極的コミュニケーション

動物を使ったある実験によると、一匹だけ隔離された状態より、ある程度の数が集まった集団の部屋で過ごすほうが、脳が発達したという記録があります。これは、コミュニケーションをとることが、いかに脳を刺激するかというひとつの証明です。

人間の場合も、まったく同じです。

脳の健康にとっては、ひとりで家に閉じこもっていることがいちばんよくないです。むしろ、**他人と積極的にコミュニケーションをとるほうが、脳にとっては遥かに健康的です。**

最近は、携帯電話やパソコンの電子メールなどを通じたコミュニケーションが盛んです。相手と直接顔を合わせ、言葉を交わさなくてもすむため、面倒は少なくなりましたが、脳を刺激する点から考えればマイナスといっても過言ではありません。

直接会って話せる場合は、やはり労を惜しまず、できるだけ会って言葉を交わしたいものです。

相手と意思や感情、思考などを伝達し合うといった簡単なことが、実は前頭葉の働きを活発にする秘訣なのです。

5
章

頭脳のレベルがアップ！

〝ピンポイント集中法〟で絶対、忘れない！

たとえば車を買うとき、あなたはどこに意識を「集中」するか

お得意先を訪問するにあたって、事前に手みやげを用意しておいたのに、先方に着いたら持ってくるのをすっかり忘れていたことに気づいた――こんな経験はないだろうか？

このような経験は、「注意」を払い、意識を「集中」することが記憶の基本であることを教えてくれる。

記憶の「量」と「質」を高めるには、集中力を強化することが欠かせないからだ。

ケイティは購入を考えている新車をチェックしていた。その車をしっかり記

憶にとどめようと、彼女はまず五感や体感覚を動員して新車の情報を集めることにした。

実際に試乗し、運転しやすく乗り心地がよいという情報が皮膚感覚を通して伝わってきた。また、運転席からの前後の見晴らし、車の色、形などをチェック。エンジン音にも耳をすまし、セールスマンの説明からも、「記憶の倉庫」を充実させる情報を得た。

彼女は次に、車の大きさや値段は適当か、保証や整備はきちんとしているかなどについて考えた。また、ほかの車種やほかのメーカーの車と比較したり、別のディーラーが同じ車をもっと安く販売していないかにも考えをめぐらした。

また、その車の色や形が本当に気に入っているか自分の気持ちに問いかけ、さらに、今まで乗っていた古い車に対する愛着や、維持費がかかりすぎるのではないかという心配、セールスマンの印象についても考えた。

これぐらい真剣に意識を集中すれば、この車についての情報をかなりよく覚えられるだろう。しかし、多くの人は、普段はここまでひとつの対象に集中力を注いでいない。

私たちの関心が自然に向かってしまうのは、こんなものだ。

- 五感に強く訴えるもの、たとえばひときわカラフルなもの、騒がしいもの匂いの強いもの、おいしいもの
- 怖いもの、不気味なもの
- 珍しいもの、変わったもの、びっくりするもの、おもしろいもの
- 考えさせられるもの

私たちは自分が大きな関心を寄せていることには自然に注意を向けるし、そういうことは記憶にとどめようと努力しなくても忘れない。だが、日常の何気ないことについては、**意図的に注意を向けて意識を集中しなければ「忘却」をくいとめることはむずかしいの**である。

だから、好奇心が旺盛で、「記憶の在庫」が豊富な人は、必然的に過去の記憶との関連づけがうまくできるので、新しい情報も、その場でスッと記憶ができる。

「記憶力のいい人」になるためには、ふだんから、さまざまなことに好奇心を持って情報に触れておくことが、必要ということだろう。

また、「覚える順番」に無頓着であれば、覚えたいことがなかなか頭に入ってこない。

普通、情報がいくつか並んでいる場合、最初と最後にあるものは比較的簡単に覚えやすい。

最初にあるものは、復習する機会がいちばん多いためで、最後にあるものは、ほかの情報がそれに取って代わるまで、短期記憶に残っているからだ。

だから、「絶対に覚えたい情報」は、一番先、もしくは一番最後に持ってくるといったテクニックを使うことも必要なのだ。

〝うっかり忘れ〟を撃退する法

人の気を散らす原因は、生活の中で起きるさまざまな出来事だ。

たとえば、ニュースを見ているときに電話がかかってくると、電話に気をとられる。保険の細かい契約書を読んでいるとき、家族に何か頼まれるとそちらに気がいく。

その結果、それまで読んでいた内容を忘れてしまう。

人の気を散らす要因は、その人の思考や感情から生まれる。「過去」に気をとられて、「現在」に注意が向かないこともある。

ある休日、デーヴは妻から買い物リストを渡され、郵便物をポストに投函してほしいと頼まれた。ポストに行く途中にスーパーがあるので、彼は買い物を先にすることにした。

いろいろな種類のソーセージを見ているうちに、昔、父親が毎年秋にわざわざ農場から取り寄せていた、スモーク・ソーセージを思い出した。おいしそうな粗挽きソーセージだった。それに比べると、店頭に並んでいる有名なメーカーのソーセージはおいしそうに見えなかった。

デーヴは食肉売り場の店員に、少し高くてもいいから、おいしい自家製ソーセージはないかと尋ねた。店員は「今日は当店には入荷していないんですが、ウチが仕入れている自家製ソーセージを作っている店の電話番号をお教えしましょう」と言った。

デーヴが電話すると、「今日の分はもう残りが少ないので、今すぐいらしていただかないと」という返事だった。

デーヴは一時間で行くと約束した。

車を飛ばしてソーセージを買いに行き、家に帰ると、おいしそうなソーセージを見て妻は大喜びだった。

だが、郵便物を出すのを忘れたと聞いて、彼女は怒った。明日までに届かなければならないものがあったのだ。

この場合、ソーセージを見て子供のころに食べたスモーク・ソーセージを思い出したのがきっかけで、デーヴは昔が懐かしくなった。なんとか昔食べたようなソーセージを買いたいという気持ちでいっぱいになり、郵便物の投函を忘れてしまったのだ。

こういうときは「メモ」が役に立つ。

とにかく人は忘れてしまうのだから、外部にメモリーバンクを持っておこう。そして、驚くことに「書く」だけでそのことに対する集中力、注意力が高まるのだ。

実際、「書く」ことで脳の血流が増えることが確認されている。人に何か頼まれたことを覚えておきたかったら、とにかくメモをとっておくにこしたことはないのである。

あなたの「注意力・集中力」をグンと高める五つの方法

多くの場合、物忘れの原因はちょっとした注意不足である。物忘れを撃退する策として、次の五つがある。

①「記憶を補助する道具」を有効に使う
②「注意力を高め、意識を集中する」習慣をつける
③「自分のペース」で注意深く行動する
④「気が散る原因になる感情」に気づく
⑤「新しい発想」を積極的に受け入れる

1

「記憶を補助する道具」を有効に使う

——とりあえず「メモ魔」に徹する

ジュリーは家の外壁の塗装を頼もうと、二人の業者に見積もりを出してもらった。ところが、あとから見積もり表を見ると、どちらが友人の紹介でどちらが塗装店の紹介だったか、わからなくなってしまった。

ジュリーの目には二人の業者はよく似ていたのだ。見積もり表を受け取ったときにすぐ、どちらの紹介だったかメモしておけば、こうしたトラブルは避けられただろう。

きわめてシンプルで当たり前の方法だが、リストを作ったりメモや記録をとったりする（記憶を補助する道具を使う）習慣をつけておくだけで、たくさんの問題が防げる。

2 「注意力を高め、意識を集中する」習慣をつける
——こんな「自問」を日課にしてみる

「注意力を高め、意識を集中する」習慣をしっかりと身につけることは、記憶力強化プログラムを進めるうえで重要だ。

物忘れは、日常、私たちが無意識に行なっていることに原因があることが多い。**無意識に行なっていないような行為についても、本当は一、二秒注意を向ける必要があるのだ。**それを怠ると、薬屋に行くつもりだったのに、気がつくとパン屋にいたり、昨日とは別の場所に駐車したのに、昨日の場所で車を探していたりすることがある。また、ひとつの仕事をしていて、別の仕事が派生したためにそちらに気をとられて、本来の仕事を忘れてしまうことがある。これは忘れない「しくみ」を作ってしまえば、簡単に解決できる。

・家を出るときの〝点検リスト〟を作る。
・会社についたら、まず「やるべきリスト」を作る。
・寝る前に、次の日何をやるべきか書き出す。

たとえば、家を出るときであれば「何を持っていけばよいのだろう?」「電気は消した?」「鍵はかけた?」といった点検項目を確認するのだ。

こうして書き出し、貼り出しておけば、途中で中断されても、あとでもとの手順に自動的にもどれる。

デーヴィッドは、毎朝車にエンジンをかけたら、すぐにガソリン・メーターをチェックしている。だが、つい最近のこと、エンジンをかけてから、かばんを忘れたことに気づき、エンジンをかけたまま急いで取りにもどった。

遅刻したくなかったデーヴィッドは、ガソリン・メーターのチェックをせずに出発。途中でガス欠にあい、前日に妻と息子が彼の車を使ったことを思い出したが、後の祭りだった。

いつもの手順や日課が中断されたら意識することを日ごろから心がけていれば、デーヴィッドはガソリンのチェックを忘れなかっただろう。あるいは、途中で「おっと、いつもの日課を忘れたぞ」と思って、ガソリン・メーターに目をやっていただろう。

もちろん、忘れたかばんを取りに行くときに、エンジンを切ってキーを抜いていたら、彼の日課ははじめからいつもどおりに行なわれていただろう。

意識を「集中」するための習慣は二つ。

第一に、気を散らす要因を自分の周りや思考からできるだけ排除する。やりかけの仕事や未解決の問題などを、少しの間、わざと考えないようにすれば、気が散るのを防げる。

第二に、周囲の何かに気をとられ、気が散ったと気づいたらすぐに意識を集中し直す。これを習慣にする練習をしよう。

3

「自分のペース」で注意深く行動する

——とにかく「ひとつずつ」こなして自信をつける

「何かひとつのことだけ」やればよいのであれば、たいていの人は、それを忘れたりはしない。

つまり、**いろいろなことに気を散らさず、ひとつずつ注意深くこなしていく**ことが、物忘れを防ぐ最善の安全策である。

ジョンは仕事でパリに滞在していた。

ある日、彼は仕事上の約束に遅れそうになった。約束の場所は数キロ離れたところで、彼は行ったことがなかったので、相手に電話をして行き方を聞き、車を走らせた。

ところが、約束に遅れそうだという気の焦りと、道に不慣れだったことが重なって、彼は聞いた行き方を忘れてしまった。

すっかりパニックになったジョンは、迷った末、再度相手に電話をし、道順を聞き直すハメになった。


気が急《せ》いているときに道順を聞いたために、ジョンは正確に覚えることができなかった。

行き方を教えてもらったとき、それだけに神経を集中して復唱していれば、頭に入っただろう。

つねに時間に余裕を持って行動し、急がなければならない状況を招かないこと。そうすれば、物忘れによる失敗もだいぶ減らせるだろう。

4 「気が散る原因になる感情」に気づく

――「今、関係のないこと」はシャットアウト!

嬉しいにしろ悲しいにしろ、今起きていることと無関係の感情は、注意力や集中力の妨げとなる。

懸賞で海外旅行が当たってすっかり有頂天になり、家のそばの交差点で一時停止を忘れることもある。海外旅行に行く準備をしていると、すっかり興奮して旅行中の新聞配達を止めてもらう手続きを忘れたりする。

逆に、買ったばかりのコンピュータ・ソフトに欠陥がありカッカとしていたりすると、旧友にクリスマス・カードを書いたことを忘れて、もう一枚同じクリスマス・カードを出してしまうといったことになりかねない。

退屈や倦怠感も、注意力や集中力の妨げになる。

グレチェンは、自分の優先順位にそって時間が使えているかどうかチェックしようと思い、一週間の過ごし方を表にしてみた。そして、同性の友人と過ごす時間に、とても退屈な時間があることを発見した。

お互い子供たちが小さかったころは、彼女たちと共通の話題がたくさんあった。だが、そんな時期が過ぎた今、彼女たちが話す近所の噂話やテレビの話題に、グレチェンは興味が持てなかった。ふと気づくと、この友人たちとの会話はたとえ大事な話でもほとんど覚えていなかった。

そこでグレチェンは、毎週会うのをやめて月に一度昼食会を開こうと提案することにした。そうすれば、この友人たちとの会話が充実して、もっと注意して聞くようになるだろうと思ったのだ。

もっと、自分の気持ちに注意を向けてみよう。自分の気持ちに気づけば、その気持ちを記憶力アップに役立てるにはどうしたらよいか、考えることができる。

5 「新しい発想」を積極的に受け入れる

——先入観、固定観念を捨てると「新しい空気」が入ってくる

私たちは誰でも、長い間信じていた価値観や考えが実は間違っていたことに気づくことがある。でも、新たな情報をニュートラルに受け入れる気持ちがあれば、新しい視点や解決法が見えてくる。

時代の流れは速いものだが、頭と心の柔軟性があれば、ものを覚える力は衰えないし、学習能力や問題解決能力を伸ばすこともできるのだ。

逆に、頭が固く、自分の考えに固執しすぎると、注意力や集中力が限られてしまう。先入観や固定観念がありすぎるのは考えものだ。

新しいもの、「新しい時代の空気」を広く受け入れるには、日々の生活におけるライフスタイルを変えなければならない。

そのためには、忍耐力と自制心、そして練習が必要だ。時間もかかる。だが、努力は必ず報われるはずだ。

川島隆太の「脳を活性化させるヒント」⑤

☑簡単でも、効果は絶大！
——十円玉一個でできる「集中力」強化法

資格試験や昇進試験の前日ともなれば、たいていの人は最後の追い込みで必死なはずです。こんなときは、たとえ普段、テレビやラジオをつけながらの「ながら勉強」が得意な人であっても、完全に音をシャットアウトして勉強に集中したいと思うでしょう。

ある実験によると、「ながら勉強」は能率が低下すると証明されています。これは、テレビやラジオから流れてくる音楽や言葉が何であるかを感じとる「聴覚野」などが働くことによって、勉強のための脳の活動が妨害されるからです。集中するためには、耳ざわりな音をカットする必要があるのです。

ここで、集中力を高め、脳を効率的に使えるようになるトレーニング法を紹介します。

ズボンのポケットの中に十円玉を一枚入れ、指先の感触だけで十という数字が書いてある面を当てるのです。指先の感覚に集中すればするほど、脳を効率的に使えるコツが体得できます。

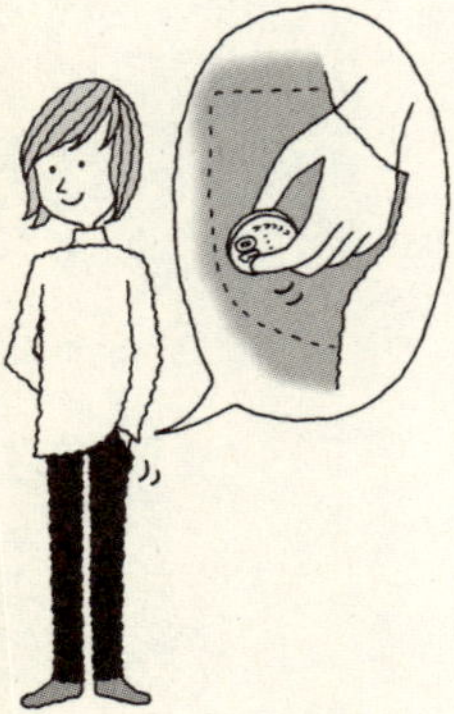

6章

体系的に学び、頭を〝整理〟する！

「思い出しやすい」ように覚える！

これが「メモリーバンク」の強化法！

覚えていたいことを忘れてしまうのは、それがメモリーバンク（脳の記憶倉庫）に体系的に格納されていないからだ。記憶力を向上させるには、情報を体系立てて、メモリーバンクにきちんと整理して格納する学び方が不可欠だ。

記憶の「幅」を広げていくためにはまず、次の五つの方法が効果的だ。

①何事にも好奇心と探究心を持つ
②複雑な課題は細分化する
③興味のあることを探究する
④持っている知識や技能を新しい分野に活かす
⑤新しいことを学ぶ

1 何事にも好奇心と探究心を持つ
——「誰が、何を、なぜ、どのように」を追究する

好奇心や探究心が旺盛な人は、たとえば、講演会に行っても、ただ受け身で聞いているだけではなく、こんなことを考えている。

講演者は資料を「どのように」使ったか？　話し方はどうだろう？　ぜったいに自説は曲げない姿勢で話しているか？　自分の主張を説明したり裏づけたりするために、例を示しているだろうか？　質問の機会は与えられたか？

このように、**誰が、何を、なぜ、どこで、いつ、どのように、と自らに問いかけていくと**、多彩な情報の記憶痕跡を集めることができる。

どんなことにも好奇心を持ってさまざまな角度から目を向けていると、経験が豊かになり、多くの記憶痕跡が刻まれる。

2 複雑な課題は細分化する
――「段階的」に積み上げて長期記憶にする

新しい情報は、細かく分けてこれまでの情報に積み上げていくと、長期記憶に保存しやすい。

たとえば、コンピュータを使うにも、まずある程度キーボードが使えなければならない。

そのうえでソフトウェアの操作やプリンタの使い方に慣れる。そうすれば、表計算ソフトを使って家計簿をつけたり、インターネットで情報を収集したりできる。

複雑な操作を覚えるときは、段階的な学習法が効果的だ。

3 興味のあることを探究する

――「知識欲」でつねに頭を刺激する

何かに強い興味を持つと、さらに詳しく勉強したいという気持ちになる。

たとえば、シュノーケリングをはじめてやった人が、海中の世界に目覚め、海底の生き物との出会いを求めてスキューバ・ダイビングを始めたいと思う。

私の友人は自分の服をデザインするのが好きで、体形に問題のある女性のためにおしゃれな服を作る仕事をしたいと思った。そこで、裁断の仕方や仕立て方のコツなどを勉強し、デザイナーになった。今では、最新流行の服を顧客の体形に合わせてカスタマイズしてくれるので大人気の店になっている。

こんなふうに興味のあることを掘り下げ、「知識欲」でつねに頭が刺激されていると、気がつくとさまざまな情報を大量に記憶しているものだ。

4 持っている知識や技能を新しい分野に活かす

――ある分野に精通すると、ほかの分野にも「目が行く」

ひとつの分野に精通した人が、その知識をほかの分野に活かすのも学習の幅、記憶の幅を広げることになる。たとえば実業家が空いた時間で小さな非営利団体の財務計画を手伝うと、資金の調達方法について新しい目が開ける。

小児科医が、ボランティアとして学習障害のある子供の家庭教師をするうちに、その家族の相談相手になり、子供だけでなく、さまざまな境遇の大人たちへの支援の仕方を体得していくようになる。

農家の夫婦が平和団体のボランティア活動に参加し、自分たちのノウハウを発展途上国の人々の生活にどう活かせばよいかを学んだ例もある。

5 新しいことを学ぶ
――「ずっとやりたかったのに、できなかったこと」にトライする

人生には自分の興味を捨てたり、チャンスに目をつぶったりせざるを得ない場合が多々ある。だから、ずっとやりたかったのにできなかったことに、いつかトライしようと考えている人も多く、実際にそれにチャレンジしたり、学び始めたりすると、記憶の幅は広がっていく。

たとえば、銀行マンで仕事一筋だった人が、絵を習って海の景色を描こうと、海岸の近くに引っ越したり、子供から手が離れた主婦が英文学を勉強しようと夜間の学校に入り直したりする。そうすることで、頭が活性化し、充実した人生が手に入るのだ。

この意気込みがあれば記憶のネットワークは広がる!

ここに紹介した五つの習慣のどれを実行しても、頭を活性化させ、記憶力を総合的に高めることができる。

好奇心を膨らませていくにしても、これまでの興味の枠を広げて、さらに深く探究していくにしても、まったく新しい分野に学習の幅を広げていくにしても、あなたには記憶のネットワークを広げる習慣がつく。

もちろん、既知の分野より新しい分野の情報のほうが、メモリーバンクに収めるのに時間がかかる。だが、経験の有無より重要なのはやる気だ。なんとしても習得しようという意気込みがあれば、粘り強く頑張ることができる。

そうすれば必ずや記憶力が高まり、もっと学びたい分野やチャレンジしたい活動を見つけることができるし、生活の質も向上するのだ。

「日程表」をとことん活用する法

何かを忘れないように書きとめておく道具として、おそらくいちばん一般的なのは日程表だ。

そこで、効果的な日程表の使い方を紹介しよう。

・書き込めるスペースのある日程表を用意。空欄の大きなカレンダーでも可。
・仕事関係やプライベートの予定を、両方とも一枚に書き込む。
・一カ月で一枚が最適。その月全体が見渡せて効果的だ。
・「午前・午後」あるいは、「ビジネス・プライベート」によって、書き込むペンの色を変えるのもいい。

・日程表はいつも同じ場所に置いておき、毎日、朝と晩にチェックする。
・約束や会合の予定、何かの期日などはすべて、決まったらすぐに書き込むこと。日程表を持たずに出かけることの多い人は、手帳を持ち歩くといい。そして、家に帰ったらすぐ、その日、手帳に書いた予定を日程表に書き写す習慣をつける。
・毎年、年のはじめに、家族で過ごす休暇や年中行事をすべて書き込もう。ほかに、月例会のような定期的な予定や、支払期日が決まっているものの支払日も書き込んでおく。
・毎月、月はじめの空欄に、その月にやりたいことを書き出す。たとえば二月はバラの剪定《せんてい》、十月は雨どいの掃除、あるいは歯の定期検診、といった具合に。
・特に忙しい日には、その日の仕事や約束を少なくとも二度は確認する。

◎日程表の記入例

日	月	火	水
●今月の予定 1.健康診断 2.免許の更新	1	2	3 月例会 (AM10:00～)
7	8	9 会議 (AM9:00～)	10
14	15 ・健康診断	16	17 ・英会話 スクール (PM6:30～)
21	22	23 会議 (AM9:00～)	24
28	29 ・免許の更新	30 ・各種支払い	31 ・英会話 スクール (PM6:30～)

今月の特別な予定を記入

定例の予定はすべて記入

時間を計画的に使うと、記憶力アップにつながる！

物忘れは、しっかりと意識を集中する時間がないために起きることが多い。だとしたら、時間割表をもっと計画的に有効に使ったらどうか。

そのために「時間割」を作ってみよう。次の五つのステップで、役に立つ時間割表を作ることができる。

①まず、現在どんなことに時間を使っているか、書き出してみる。まとまった時間を費やしていることはすべて書く。移動時間なども実は時間をとっているので忘れずに書き出す。

②よくある普通の一週間を選び、日程表を書き、一つひとつのことに一週間の

何パーセントぐらいを費やしているかを考える。

③それから、次のことを考えよう。
・この生活パターンは私の優先順位を反映しているか？
・もし反映していないとしたら、何にもっと時間をかけたいか？
・どこで時間を節約できるか？
・人に頼んだり、完全にやめてしまったりできることはないか？
・時間の使い方を変えるには、どうしなければならないか？

④改善しようと思った点を反映させて、新しい時間割を作る。

⑤次のようなことを自問して、作った時間割を再評価する。
・この時間割に満足しているか？　不満があるとしたら、どこを直せばよいのだろう？

・ほかにしたいことはないか？　それを時間割に組み込むとしたら、どうしたらよいだろう？

・自分がしたいことと、しなければならないこととの間のバランスはとれているか？　改善の余地はないだろうか？

時間割にそって生活すると、時間の有効な使い方を考えるようになる。たとえば、歩きながら語学学習用のテープを聞くこともできるし、ほかの仕事の合間にちょこちょこと身のまわりのことをこなすこともできる。あるいは、少しお金をかけて、さまざまな雑事を人に頼むという手もある。

また、**時間割を作成すると、時間の使い方を振り返るなどして、過去を記憶にとどめる時間を作ることにもつながる。**つまり、少し時間をとって、「この経験の、あるいはこの雑誌記事の、どこが特別なのだろう？」「何を覚えておきたいのだろう？」といったことを考えるようになるのだ。

そうすることで、いちばん大切なことをメモリーバンクに保存することができる。時間割は記憶力アップの大きな手助けとなるのだ。

鍛えておくと何かと便利な「展望記憶」

「展望記憶」とは、将来に備えて何かを覚えておくことだ。日常生活では、ちょっとしたことをタイミングよく思い出し、実行することが必要になるが、そのときに役に立つのが「展望記憶」である。

いちばん単純な例は、これからする仕事の内容を短期記憶にとどめておいたり、電話をかけた相手が話し中だった場合に数分後にかけ直すことを覚えていたりすることだ。

展望記憶を強化するには、これまで紹介してきた記憶方法や道具を使うようにするといい。

たとえば、慣れない道を歩いていくとき、あらかじめ帰りの道を覚えておくにはどうしたらいいか。

目印となる建物や曲がり角の情報を言葉にする、道のイメージを目に焼きつける、目印となる建物が逆から見たらどのように見えるか思い浮かべる、帰りに目にする景色を振り返って見ておく、などがある。

展望記憶が必要になるのは、日程の管理、特別なイベントの準備、会う人の名前を覚えておきたい場合などが挙げられる。

展望記憶を維持するには、**あらかじめ計画を立てておくといい。**

たとえば、募金集めのパーティーの運営委員長をあなたが引き受けたとしたら、まず、前年の記録を見て、しなければならないことを書き出し、仕事の計画を立てるのだ。

①開催の告知
②予算作り
③出前の業者に当日の食べ物の寄付の依頼
④飲み物の業者との値引き交渉
⑤場所代、印刷代、音響設備代をカバーするための、銀行や民間企業に対する寄付の依頼
⑥会場の飾り付け
⑦当日手伝うボランティアの募集
⑧仕事の進捗状況の報告
⑨最終的な計画の決定
⑩反省会および寄付者に対する礼状の発送

といった具合である。特に大勢の人が関わるときには、計画表のコピーなどを配付しておけば、彼らが重要な点を忘れてしまわないようにするのにも役立

つだろう。

人の名前が思い出せない！記憶のポンプに「呼び水」をさす

人の名前が思い出せないことがたびたびあるなら、人と会う前に、これから会う人について少し考える時間をとるといい。必要なら、前回会ったときに書いたメモを見てもよいし、家族や友人に助けを求めてもよい。つまり、「記憶のポンプに呼び水をさす」のだ。勉強でいうなら〝予習〟にあたる。

初対面の人に会うのなら、あらかじめその人たちの名前と情報を集めておくとよい。

長年の友人との関係でも「呼び水」は役立つ。埋もれていた古い記憶を引き出しておくのだ。友人に会う前に、以前その人と会ったときのことや、その人に関する情報について考える時間を作ろう。

「呼び水」は遠い昔の経験を思い出すのにも役立つ。間近に迫った同窓会の前に古い卒業アルバムに目を通すと、学校生活の記憶がよみがえり、同窓会の当日、学生時代のさまざまな経験を次々に思い出すことができる。それについて旧友と話せば、さらに多くの記憶がよみがえる。

何の準備もせずに参加するのとでは大違いである。

身のまわりの整理は「頭の整理」！

大切な書類を必死で探し回り、もう一度最初探したところにもどってみたら、そこにあった、という経験はないだろうか？

いろいろなものが雑然と置かれた環境では、一度どこに置いたかわからなくなったものは見つからない。だから身のまわりを整理すると、よくある物忘れを防ぐことができる。

快適に生きようと思うなら、生活空間の整理整頓は不可欠だ。身のまわりの整理は「頭の整理」なのだ。

クローゼットから食器棚や書類棚まで、家庭における上手な収納整理を教える本はたくさん出版されている。身のまわりを整理しようと思うときにできることを、いくつか挙げておこう。

・使わないものを身のまわりから取り除く。当分使わないだろうと思うものは、しまうか処分するかのどちらかにする。

・合理的な方法をとろう。クローゼットや食器棚に収納するときは置き場所を決めて収納し、書類の整理には一定のファイリング・システムを使う。大切なものに関しては収納場所の一覧表を作ったり、ファイルの索引を作ったりしてもよい。引き出しの一つひとつに、収納物を表示しておくと書類を探す手間が省ける。

・置き場所を全部決めておこう。鍵、眼鏡、支払済みまたは未払いの請求書、通帳、保険証書、各種証明書など、どこに置いたかをうっかり忘れそうなものの置き場所を決める。

・決めた場所に必ず置こう。これを徹底すると探し物の苦労がかなり減る。

・郵便物の処理方法を決める。多くの人にとって、家にゴミの山ができるいちばんの原因は郵便物だ。自分に合った方法を考えて、必ずその方法で処理する。

・重要書類のファイルを作る。緊急時にあなたが不在のとき必要な情報も入れておくこと。預金通帳、財産目録、保険証書、金庫の鍵やその内容物の一覧表、仕事先や親戚、友人の緊急連絡先、かかりつけの医者の連絡先などだ。

川島隆太の「脳を活性化させるヒント」⑥

☑「おもしろいこと、楽しいこと」をすると記憶力は伸びる!

記憶をするうえで重要な要素は、「覚えようとする意識」と「好奇心」です。

誰でも経験があると思いますが、自分が好きなこと、興味のあることに関しては、特別な努力をしなくても、自然と知識を吸収しているものです。まさに「好きこそものの上手なれ」です。

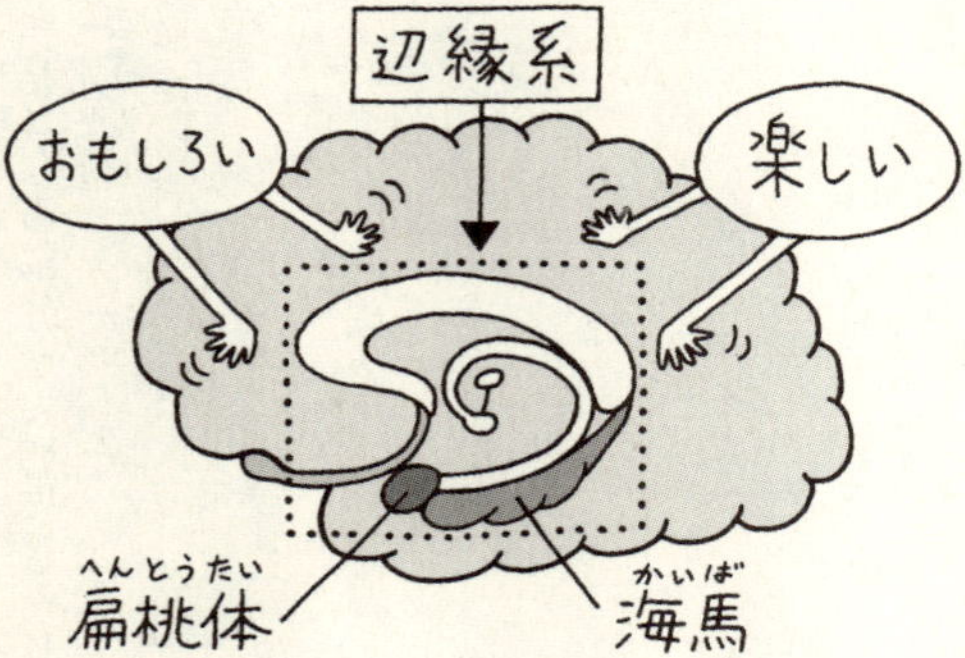

興味を持って楽しくものごとに取り組むことは、脳に非常にいい影響を与えます。

「おもしろい」とか「楽しい」といった気持ちは「情動（喜怒哀楽の感情の動き）」といい、「辺縁系《へんえんけい》」から生まれます。

この「辺縁系」が活動すると、普段では覚えられないようなことでも、記憶できるようになるのです。

ですから、何かを記憶したいと願うなら、まずは覚えたい対象に興味を持つこと、楽しむことが重要です。

いきなり、資格試験の勉強や仕事に

興味を持とう、楽しもうといわれてもむずかしいかもしれませんが、興味のとっかかりとなる部分を大切にしたり、「楽しもう」と意識するだけでも効果があります。

7章

いつまでも〝若々しい頭脳〟を保つために！

「記憶に特効！」の食べ物・運動法

頭がよくなる特効薬！　ビタミンB

あなたは疲れすぎたときや体調の悪いとき、簡単なことが思い出せなかった、大事なことを忘れてしまったといった経験はないだろうか？　脳は体の調子に敏感に反応するので、健康に気をつけることは、記憶力強化プログラムを効果的に進める基本だ。そのために、心がけるべきことは次の五つである。

- 栄養を考えた食生活をする
- 定期的に運動と頭の体操をする
- 紫外線や環境ホルモンから身を守る
- 記憶に悪影響を与える薬を飲まない、あるいは制限する
- 病気の早期発見、早期治療ができるように、定期検診を受ける

健康を維持するにはバランスのとれた食生活が大切だが、**特にビタミンB群は思考や記憶に重要だ。**ビタミンB群の血中レベルが低下すると、記憶力テストの成績が下がるのだ。特にビタミンB_6、B_{12}、葉酸（ビタミンB複合体のひとつ）は、記憶と直接関係していることが明らかになっている。

加齢による「物忘れ」特効食品

では、ビタミンBや葉酸はどんな食品に多く含まれるのだろうか。以下にまとめてみたので参考にして、毎日、積極的に食卓に取り入れてほしい。

○ビタミンB_6は肉、魚、葉物の緑黄色野菜、全粒の穀物、シリアル、大豆、ナッツ、サツマイモ、バナナなどに含まれる。

○ビタミンB_{12}は、肉、魚、卵、乳製品に多く含まれる。
○葉酸は柑橘類、葉物の緑黄色野菜、豆科の野菜、乾燥豆、ビール酵母などに多い。

加齢とともに胃酸の分泌量が減ると、ビタミンB_{12}の吸収が悪くなる。これが年をとると物忘れが多くなる原因のひとつとも考えられる。

「頭のサビ」は〝これ〟で取り除ける

抗酸化物質が体にいいといわれている。
フリーラジカル（活性酸素）という体内にできるサビを消しさるからだ。
代表的なのはビタミンCとビタミンE、そしてベータ・カロチンで、これらは互いに効果を高め合う働きをする。

○ビタミンCは、柑橘類、イチゴ、パパイア、キウィフルーツ、トマト、ブロッコリー、芽キャベツ、コショウなどに多く含まれる。

○ビタミンEは、全粒の穀物、麦芽、ナッツ、種子類、コーン油、ヒマワリ油、大豆油などに多い。

○ベータ・カロチンは緑黄色野菜や果物に含まれている。

抗酸化物質としてはほかに、米などの穀物やシリアルやパスタに含まれるセレニウムや、ベリー類やニンニク、緑茶、紅茶に含まれる成分もある。

サプリメント（栄養補助食品）からとる手もあるが、食物から摂取するのが理想だ。

「血のめぐり」と記憶力との関係は?

記憶力を維持するためには、体内の血液循環をよくすることが重要だ。血管がボロボロだったり、血液がドロドロだったりでは栄養を確実に細胞に運ぶことができない。

抗酸化物質は血管内に血流の妨げとなるプラーク(粥状硬化病変)ができるのを防ぎ、それによって血管壁の柔軟性を保つと考えられている。

プラークの形成に大きく関わっているのがコレステロールだ。

コレステロールにはよく知られているとおり、二つの種類がある。

○LDL、すなわち「悪玉」コレステロールは、動脈の血管壁に堆積してプラークのもとになる。

○HDL、すなわち「善玉」コレステロールには、悪玉コレステロールを動脈壁から取り除く働きがある。抗酸化物質を多く摂取すると、善玉コレステロール値が上がると考えられる。

悪玉コレステロールを増やす飽和脂肪は肉、バター、チーズ、全乳、ヤシ油、ココナッツ油、マーガリンなどに含まれている。つまり、これらの食品のとりすぎには十分、注意が必要だ。

一方、コーン油、紅花油、ヒマワリ油は善玉、悪玉両方のコレステロール値を下げ、オリーブ油やキャノーラ油は悪玉コレステロールの値だけを下げる効果がある。

記憶力強化のためにも、こんな「運動」は欠かせない！

運動は、記憶力の維持と循環系の健康維持におおいに役立つ。運動すると、善玉コレステロールが増えるばかりか、毛細血管も増えるので動脈の負担が軽くなるのだ。

もちろん心臓の働きもよくなり、肺活量が増し、肺の伸縮をコントロールしている筋肉が強化される。これで細胞に十分な酸素が供給されるのだ。

そのうえ、運動は血圧も下げる。

記憶力の低下と高血圧には関連がある。

よく運動をする人は、運動しない人に比べて動脈に弾力性があるのだが、この弾力性の低下が高血圧に直接結びつくのだ。

運動をして筋肉が増えれば基礎代謝も高まり、太りにくい体を手に入れることができる。肥満は高血圧の原因になりやすいので、健康的な食生活と定期的な運動により体重を標準の枠内に保つことは、記憶力強化プログラムの重要な課題だ。

といっても、何もスポーツクラブに通って激しい運動をしろと勧めているのではない。

歩いたり自転車に乗ったりといったことで、心拍数も呼吸数も十分に上がり、血圧は下がり、体重も調整できる。少しの心がけで運動を毎日の生活の中に組み入れることはできる。

また運動には、脳の働きをよくする神経成長因子を増やす効果もある。さらに、継続的な運動によって、脳の代謝機能が変化し、「脳の持久力」が高まることが明らかになってきた。

記憶力の強化のために運動は欠かせないということを肝に銘じよう。

ちょっとした「頭の体操」をしてみよう

読者の皆さんは、八十歳代、九十歳代でシャープな頭脳とすばらしい記憶力を誇る人を知っているだろう。

八十二歳のヒルダは、夫が亡くなってからもボランティア活動に参加して忙しい毎日を送っていた。ところがある日、自宅の前で転んで足の骨を折ってしまった。それを機に、彼女の生活ががらりと変わった。

治療には時間がかかりそうだった。そこで彼女は、フランスとドイツにいた祖先の暮らしに以前からずっと興味があったのを思い出し、治療期間中、ヨーロッパ史を勉強することにした。

見舞いにきた友人はそんな彼女にこう言った。

「どうしてまた、役にも立たないことを一日中勉強しているの？」

「おもしろいからよ」と、ヒルダは即答した。それから、骨を折ったのはたぶん神様のお導きだったのだと言った。

「こうやって勉強していると、新しい世界が開けていくもの」と。

ヒルダは興味のあることを勉強して、治療期間を飽きずに過ごしただけでなく、脳細胞を刺激して記憶力を鍛えていたのだ。

だが、記憶力を鍛えるには勉強しかないわけではない。遊びの中にも、記憶を鍛えてくれるものはたくさんある。

チェスやトランプなどは思考力の訓練になる。いろいろな戦略を比較検討し、頭の中で駒を動かしてみたり相手の次の手を読もうとしたりする。現在の状況を過去の試合に照らし合わせて考えようとするとき、作動記憶と長期記憶の両方を駆使し、頭はフル回転するからだ。

ひとりでできる遊びもある。

たとえばクロスワード・パズルをはじめとした言葉遊びのパズルは、作動記憶を鍛えるばかりか語彙を増やすよい訓練になる。

スポーツにも記憶力を高める働きがある。

ゴルフやテニスで球を打つときの集中力は、記憶力の向上にも役立つ。真剣に取り組めば技術の向上だけでなく、試合のときに対戦相手をしっかりと観察することが即、脳への刺激になる。

スポーツ観戦だっていい。野球でもサッカーでもゴルフでも、ひいきのチームや選手ができると、どの試合も観戦し、スポーツ欄をくまなく読む。夢中になるあまり、どんなに細かいことでも覚えてしまう。夢中になったおかげで記憶力が確実に鍛えられているのだ。

生活にこうした頭の体操を組み込むことは、記憶力向上への大きな一歩となる。それにはまず、興味をもち、聞いて読んで勉強し、学び続けようという気持ちを持つことだ。

興味の対象はエスニック料理でもインターネットでも何でもいい。頭の体操の題材は無限にある。

アルコールはやはり「ほどほど」に

適度な飲酒は脳の血流をよくしてくれる。

しかし、飲み過ぎは禁物だ。ほろ酔い状態をすぎると、酩酊状態になり、ろれつがまわらなくなり、論理的に考えることもできなくなる。これは脳の機能が停止しているということだ。

慢性的に飲み続けると、痴呆が速く進むというデータもある。アルコール依存症の人の脳は萎縮しており、機能もおとろえているものだ。

いつも頭の回転がいい人になるためには酒に溺れてはいけない。

アメリカ保健福祉省では、適度の酒量は女性で一日一杯、男性で一日二杯としている。一杯の量とは次のとおり。

・普通のビールなら約三五〇ミリリットル
・アルコール度四〇パーセントの蒸留酒なら約四五ミリリットル
・ワインなら約一二〇〜一五〇ミリリットル

「記憶力」を低下させるこんな薬には要注意

また、副作用で記憶力の低下を招く薬はたくさんある。抗ヒスタミン剤、抗けいれん剤、睡眠薬のほか、鎮痛剤、関節炎の薬、風邪薬、咳止め、抗ウツ剤、血圧を下げる薬、心臓病の薬、胃酸を抑える薬など。

記憶力を守るには、薬の効用と副作用について医者と話し合うことが大切だ。いくつかの薬をいっしょに飲むと、副作用が生じることがある。複数の医者にかかっている人は、それぞれの医者に飲んでいる薬を全部伝えることが必要だ。

また、健康維持、健康な脳を保つには定期検診は欠かせない。記憶障害が頻繁に起きるようなら、かかりつけの医者に相談しよう。

もし、最近急に記憶力が低下したと感じるとしたら、それは循環器疾患や糖尿病、甲状腺機能障害、あるいは肺や肝臓や腎臓の病気の症状かもしれないし、薬の副作用かもしれない。

その場合、医学的な治療によって記憶力を回復したり症状を改善したりできることが多い。病気をきちんと治療することが、記憶障害の問題解決に結びつくのだ。

川島隆太の「脳を活性化させるヒント」⑦

☑「料理をする」と脳が活発に働き始める！

本文で触れているように、バランスのよい食生活が、思考力や記憶力を高めるために欠かせない要素であることは間違いありません。

さらに最近の研究で、「料理をする」こと自体が前頭前野をおおいに刺激することが明らかになりました。

まず、献立を決めたら、必要な材料をそろえ、料理の手順・段取りを考えますが、**この手順・段取りを考える際に、前頭前野が活発に働き始めます。**

次に、野菜の皮むきなど、料理の下ごしらえをします。食材を包丁で切っていき、切った材料をフライパンで炒めたり、鍋で煮たりする。

最後に味つけをし、皿に盛りつけます。

料理をしている最中、前頭前野は絶えず刺激を受けた状態になります。

その際、前頭前野をより活発に働かせるためのポイントがあります。

それは、野菜の皮むきなどを皮むき器などの便利な道具に頼らず、面倒でも包丁で行なうということ。

包丁は、手先・指先を器用に使わなければなりませんが、その手間が脳に非常にいい効果を与えるのです。

8
章

ストレスは「記憶力」の大敵！

「脳」の疲れを取るうまい方法

記憶力低下につながるストレス、成長に貢献するストレス

現代社会では、ストレスは悪いもののように言われている。だが、適度なストレスは脳を活性化させ、人を成長させる。

たとえば、コンピュータの使い方をマスターするには忍耐力と根気が必要で、ストレスを感じることが多い。いろいろな問題にぶつかり、たくさん間違えもするが、そんなストレスがあるからひとつ成功するたびにやる気が湧いてきて、多くの人がもっと学ぼうと思い、のめり込むのだ。

つねに前向きな態度を保ち、適度なストレスを楽しむようにすると、人生が充実する。楽観主義者は人生の壁にぶつかると、あるがままの自分を受け入れ、過去の経験を活かしながら勇気と希望を持って臨む。それでも足りないと思え

ば、ほかに力を求め、友人と意見を出し合ったり専門家に助けを求めたりする。つねにポジティブな気持ちでいれば、ストレスを上手に生かし、よりよい人生を生きるためのエネルギーに転化させることができる。

しかし、**過度のストレスは記憶力の低下につながる。**それは、『なぜシマウマは胃潰瘍にならないか――ストレスと上手につきあう方法』の著者ロバート・サポルスキーによって明らかにされている。

アフリカ東部のセレンゲティ平原で、ヒヒを使って十五年以上の研究を重ねた結果、サポルスキーは、脳の一部――長期記憶として保存するために新しい情報を分類整理する部分――の神経細胞が、過度のストレスにより損傷を受ける、もしくは受けやすくなることを発見した。

ストレスは記憶に不可欠な注意力も弱める。ストレスとは危険が迫った、あるいは危険だと感じたときの、脅威に対する体の反応だ。

実際に危険な場合も危険を感じただけの場合も、注意は脅威に集中してしまう。

その結果、脅威以外のものには目隠しをしたような状態になる。

つまり、ストレスが続けば疲労し、意識を集中することも体系的に考えることもできなくなり、記憶力どころではなくなってしまうのだ。

先に紹介したサポルスキーは、ストレスに上手に対処するのに役立つ要素として、次の四つを挙げている。

①「自己コントロール」力をつける
②先を予測する力をつける
③外からのサポートを積極的に受ける
④気持ちの「はけ口」を持つ

以下にくわしく見ていくことにしよう。

1 「自己コントロール」力をつける
――「瞑想」で記憶力を強化!

ある状況をいくらかでもコントロールできるという意識は、ストレスの影響を減らすのに重要だ。

実際にコントロールしなくても、「コントロールできる」という意識を持つだけでストレスを減らす効果があるという。

瞑想はこの状態に到達する方法のひとつだ。アジアで考案された「超越瞑想」という瞑想法が、体の物理的、生化学的ストレス反応を和らげることは、西洋の医学的研究によっても確認されている。

超越瞑想は心拍数と呼吸数を減らし、脳波にアルファ波、つまり幸福感と安らぎを感じるときの波形を増やす方法だ。

検査の結果、高血圧の人の血圧も下げることがわかった。

この超越瞑想をする際は、明るい光や気の散るもののない静かな部屋で、背もたれがまっすぐな椅子に楽な姿勢で座って目を閉じる。そして、マントラを声に出さずに頭の中で繰り返す。

ほかの思考や感情や感覚を封じ、それらの雑念が「秋の木の葉のごとく知らぬ間になくなる」ようにするのが目的だ。毎日二度、朝夕の食事の前に二十分ほど瞑想する。

この瞑想法を実行した人は、深い心の安らぎと調和のとれた統合性、そして内から湧き出るエネルギーを感じたと報告している。これで重要なことに注意を集中することができる。

記憶にはもってこいの状態だ。

2 先を予測する力をつける
――この「予測力」で余計な心配をしなくなる

ストレスが減ると、人生は自分でコントロールできると思えるようになる。そうなれば、問題を解決するために冷静に考え、ストレスの原因をどのように乗り越えるか決めることができる。

そこでいちばん重要になるのは、今後の成り行きが予測できるかどうかだ。予測できることを望むか望まないかは人それぞれであり、ケースバイケースでもあるだろう。しかし、先のことが予測できれば驚きの可能性が減る。驚きはそれ自体、ストレスのもとなのだ。

だが、今の生活を脅かす話はできるだけ知りたくないという人もいる。不治の病の宣告のように予測の内容が衝撃的な場合、受け入れたくない将来に頭を順応させるための時間が必要だ。最初はおそらく「そんなはずはない」と事実を否定するだろう。

だが、事実を知らずに大きな心配をいつまでも心に閉じ込めていると、多大なエネルギーを消耗し余計にストレスがたまる。

どのような情報をどのように得るかは、多くの場合、自分で決められる。動揺することが少なくてすむように、時間をかけてゆっくりと知りたいという人もいれば、逆に、どんなに動揺する内容でも、一度に全部知りたいという人もいるだろう。いずれにせよ、情報を得ることによって今後どうするかを決めることができるのだ。

不幸な予測を正面から受け止めて乗り越えようとすると、今がいかに貴重であるかがわかり、一刻一刻を大切に生きなければならないと実感するものだ。

3 外からのサポートを積極的に受ける
──「誰かにわかってもらえる」と思うだけで、状況は変わる

ストレスに対処するときは、外からのサポートが大きな助けになる。

何かが心配だったり不安だったり、悲しみを抱えていたりするとき、誰かと気持ちを分かち合い、誰かにわかってもらえると思うだけで、とても救われるものだ。人と話すうちに、状況を新しい見方でとらえられるようになることも多い。

どのようなサポートが必要かは人それぞれだろうが、ひとりで抱え込むしか手はないと考えるのはやめよう。

④

気持ちの「はけ口」を持つ

――ストレスをうまく受け流すコツ

人生にストレスはつきものだ。だから記憶力の維持・向上を目指すには、要するに次のような気持ちの「はけ口」を持ち、ストレスを受け流すことだ。

・毎日、運動をする。運動をすると心が軽くなる物質が分泌される。
・飲酒を避ける。アルコールには神経の抑制作用があるからだ。
・正しい食事と適度な睡眠を心がけ、健康的な生活を送る。
・ひとりにならず、積極的にほかの人といっしょに過ごす時間を増やす。
・日光を浴びる。最近の研究では、日光を浴びるとそれだけで気分が明るくなるとされている。

川島隆太の「脳を活性化させるヒント」⑧

☑脳にストレスをかけない、上手な生活術

実生活を送るうえで、どうしても避けられないもののひとつにストレスがありますが、「記憶力」にとってストレスはまさに天敵とも呼べる存在です。

たとえば、会社の昇進試験の前日に、大慌てで勉強を始める人はいないと思いますが、仮にこのようなせっぱ詰まった状態、つまりストレスがかかった状態では、いくら頑張って暗記しようとしても、効果は期待できません。

同様に、急いで電話をしなければならないとき、手帳に書いてある電話番号を瞬時に記憶することができずに、何度も電話をかけ間違うといったことも、やはり脳にストレスがかかることによって生じます。

このように、記憶は精神状態の影響をおおいに受けるのです。

軽度のストレスであれば、脳にとっていい緊張感になっても、過度なストレスは足かせにしかなりません。ストレスをなくすことができないのならば、せめてストレスを受ける時間を短縮する努力をしたいものです。

【私が勧めるストレス撃退三箇条】

1　笑うこと……笑うことは人特有の行為ですが、ある実験によると免疫機能を高める効果があることが実証されています。それだけでなく、笑うという行為は、前頭前野を活性化させます。ですから、毎日できるだけ多く笑うように務めたいものです。これは、**意識的に笑顔を作るだけでも効果があります。**

2 **睡眠をとること**……睡眠には、それ自体でリラクゼーション効果があると同時に、**記憶を定着させる力**もあります。ですから、どんなに忙しくても必ず一定の睡眠時間を確保する努力をしましょう。どうしてもまとまった睡眠時間が確保できないときは、せめて十分でも構いませんから、昼寝をすることです。

3 **適度に脳を休めること**……真剣にスポーツに取り組むと、体がクタクタに疲れるのと同様、仕事で頭をフル活動させたときは、当然、脳も疲労します。そんなときは、脳をクールダウンさせてやりましょう。具体的な方法は、テレビを一時間ほど観るという簡単なこと。実験を通じて明らかになったことですが、実は、**テレビを観ているとき、私たちの脳（前頭前野）**

は休止した状態にあります。この特徴を逆に脳のリフレッシュに利用するのです。ポイントは一時間程度に時間を区切ることです。

9章

「物忘れ・ど忘れ」がなくなる!

「若返り続ける脳」はこうして作る!

〝物忘れ〟が気になり始めたら――

秋、木々の彩りが見る人の目を楽しませるこの季節は、収穫のときでもある。これを人生でいえば五十歳代か六十歳代、つまりこの時期は、それまでの人生経験から収穫を得て円熟を楽しみ、人生の成功を祝うときなのだ。

だが、これはまた、私たちの多くが物忘れを気にし始める時期でもある。約束を忘れたり支払いを忘れて期日に間に合わなかったり、「喉まで出かかっているのに」思い出せなかったり、買い物リストを家に置き忘れたりということは、年齢に関わりなく誰にでもあるが、中年以降になると、年々、「前には忘れなかったことを忘れてしまう」とこぼすようになる。

研究により、年をとると記憶の機能にいくらか変化が見られることはわかっている。だが、**実のところ、年齢だけではその人の記憶力はわからない**。これまでに見てきたように、記憶力の良し悪しはその人のやる気、注意力と集中力、体系づけの仕方、健康などと深い関わりを持っているからだ。

記憶力を維持する健全な生活の重要なポイントは、体にどのような変化が起きてもそれに順応し、いかなる問題も乗り越えていくことだ。特に視力と聴力の変化を敏感に察知することが大切だ。

視力は大丈夫か？——白内障・緑内障を未然に防ぐために

年をとったと最初に自覚するのは、目を細めないと新聞の文字が見えなくなったときではないだろうか。これは、そろそろ眼科に行って検査を受け、必要なら老眼鏡を作るべきときだという合図なのだ。

年をとって視力が低下する主な原因に白内障がある。

白内障は、正常時には透明である水晶体がしだいに濁る病気で、その結果ものがぼやけて見えたり二重に見えたり、光がまぶしくぎらついて見えたり光の周りに輪が見えたりする。

主な原因は長年にわたって浴びた太陽の紫外線だが、赤外線、放射線も原因になりうる。喫煙、外傷、遺伝が原因となることもある。

白内障は、太陽光の紫外線を遮断するサングラスをかけることで、ある程度予防できる。

また、白内障と栄養との関連を指摘し、ビタミンC、E、Aなどの抗酸化物質が予防に役立つとする研究もある。

中高年には緑内障も多い。これは眼圧が上がり、眼球の奥にある網膜に分布する視神経――見たものの像を脳に送っている神経――に損傷を与える病気だ。視力を守るためには、早期に治療することが肝要だ。

だが、もっとも一般的な緑内障には通常初期の自覚症状がないので、定期的に眼科検診を受けることが大切である。

ほとんどの専門家が、五十歳を過ぎたら少なくとも二年に一度は総合的な眼科検診を受けるように勧めている。

視野が狭くなる緑内障とは対照的に、読書や緻密な作業に必要な中央部分の視力が失われるのが黄斑変性だ。

この病気は進行が遅いが、ものが読みづらい、視野の中央にぼやけたところや見えないところがある、直線がゆがんで見えるなどの症状があったら医者に相談するべきだ。

視力を維持するには黄斑変性の早期治療も大切だ。白内障同様、黄斑変性の予防にも抗酸化物質がよいとする研究もある。

糖尿病は網膜の血管に損傷を与える危険性が高い病気だ。早期発見、早期治療が大切なので、糖尿病患者は医師の指示にしたがって定期的に眼科の検診を受けるべきだろう。

聴力の低下に対処したら、不思議に〝記憶力〟が回復した！

ひどい難聴の人は情報を誤解しがちなだけでなく、経験した出来事を間違って記憶することがある。人とのコミュニケーションがうまくいかなくなり、生活の質が低下することもある。

また、加齢により耳が遠くなると、人は孤立しがちだ。ひとりで過ごす時間がどんどん多くなる。人との接触を保ち、世の中の出来事を知るためには、できるかぎり聴力の低下を補うことが重要なのだ。

ジョンは騒音が大きい職場で長年働いてきたせいか耳が少し遠い。家族が集まってにぎやかに話がはずむと、よく聞き取ろうと神経を使って疲れてしまう。

そんな事態を避けようと、ジョンはある方法を考えた。

大人になって独立した子供たちが集まって、前に会ったときからそのときまでにあったことを一斉に話し出し、近況を報告し合うのをジョンは黙って見ている。

それからひとりずつ自分の部屋に連れ出して、それぞれの近況を聞くのだ。こうすればみんなの話題についていけるし、子供たちの一人ひとりと充実した時間を過ごすことができる。

ジョンは家族のことなら、誰がいつ何をしたか正確に覚えている。息子が「父さんがいればカレンダーは要らないね」と言ったくらいだ。

妻のバーバラは、家族の誕生日や大切な行事はジョンに任せておけば忘れないと、彼に絶大な信頼を寄せている。どうして夫はそんなに記憶力がよいのだろう、と彼女はときどき不思議に思うのだが、きっと耳が聞こえにくい分を補うために、何にでも意識を集中する術を学んだからだ、と思っている。

ジョンの場合は、自力で問題を解決し、ハンディキャップを乗り越えてすばらしい記憶力を身につけたよい例だ。

嗅覚や触覚などほかの感覚機能の低下が記憶のプロセスに大きな影響を与えることは滅多にない。有名レストランで食事してもその匂いがわからなくて楽しみが若干減るかもしれないが、そこでの食事はおおいに堪能でき、ほかの記憶は残るだろう。

自然な老化が記憶力に影響するのには三つの理由がある。

・中枢神経系の働きが鈍くなる。
・注意が散漫になる。
・深く考えず、情報をいい加減に処理するようになる。

しかし、がっかりすることはない。あなたの記憶力の維持・向上をお手伝いするためにこの本に書いたことを実践すれば、これらの変化を補う以上の収穫が得られるはずである。

やっぱり「きちんと考えたこと」しか、頭に残らない！

読んだはずの新聞記事の内容を覚えていないことがある。それはいい加減な情報処理をしたからで、記事を読まずに見出しだけざっと見ながら新聞を読んだつもりになっていたのである。記事をじっくりと読まなければ、見出しの情報はたいてい忘れてしまう。

情報をきちんと処理するには、しっかりと記事を読み、そこに書かれた出来事の原因や意味、自分や社会にどんな影響があるかなどを考えなければならない。

それと同じように、感覚的な印象や頭をよぎった考えも、メモリーバンクにあるほかの情報としっかり関連づけなければ、いつしか忘れてしまう。いい加減に処理していると、その情報を思い出させるためのさまざまな記憶痕跡を作ることができない。それで「あなたが今日何をするって言っていたか、思い出せない」とか「電話があって伝言を頼まれたんだけど、誰からだったか忘れちゃった」などと言うはめになる。

年をとるとこのタイプの物忘れが多くなる。新しい情報をきちんと処理しないのは、情報がつまらないから、あるいはそれに関心がないからだと言えば筋は通る。だが、そんな言い訳をしていても、記憶力を磨くためのトレーニングにはならない。

名前でも会話でも、約束でも仕事でも、日常のこまごましたことでも、忘れてしまう直接の原因は、情報をいい加減に処理していて、それについて深く考えないことなのだ。ほかの情報と関連づけたりしないと物忘れが多くなる。

新しい情報を覚えていたければ、意識を集中してそれについて深く考えることだ。しっかりと注意を向けてほかの情報と関連づけることだ。記事の内容を覚えていたければ、見出しだけですませずに、しっかりと読もう。

生活の根底に学習意欲があると、それは深い思考を促し、記憶力の向上を助ける。思考力も記憶力も運動能力と同じで、鍛えれば伸びるのだ。

自分にとって意味のあることを、よく考え、よく覚える。こういう生き方をしていれば、いくつになっても若者と同じように学ぶことも覚えることもできるのだ。

川島隆太の「脳を活性化させるヒント」⑨

☑「ど忘れ・物忘れ」を防ぐ、うまい方法

つい最近、観た映画のタイトルが思い出せない、先週、食事をしに行った店の名前が思い出せない。いわゆる「ど忘れ」です。誰もが一度は経験したことがあるでしょう。

この「ど忘れ」は、思い出す能力（想起）が低下することによって起こります。これと似た言葉に「物忘れ」がありますが、これは新しいことを覚えにくくなることを指します。ですから、「ど忘れ」と「物忘れ」は異なります。

さて、「ど忘れ」が起こる原因はいくつかありますが、ひとつは「記憶の希薄化」が挙げられます。自分ではその言葉を頻繁に使うと思い込んでいるだけで、実際は滅多に使わないことから生じます。これは、言葉を強く印象づけるといったことで解消することができます。

二つ目に、思い出したいことに関連する「手がかり」が少ないことが原因です。たとえば、映画のタイトルを思い出そうとする際、「主演俳優、監督、サントラ、観た映画館」などを関連づけて覚えていないため、記憶の中から映画のタイトルを引き出せないのです。

キーワードを関連づけて記憶すると、「ど忘れ」は防ぐことができます。

〈了〉

本書は、小社より刊行した『同じテーブルの10人の名前、簡単に覚えられます。』を、文庫収録にあたり改筆・再編集のうえ、改題したものです。

B・フィールディング（Betty Fielding）
二十五年以上にわたる多くの臨床をもとにした、「記憶力と生活や環境の関係」についての現代アメリカにおける最先端研究の第一人者。「どうやったら記憶力は強化できるか」――その研究成果が結実した「記憶力強化プログラム」は、学校やビジネス界、生涯教育、さまざまな医療機関で大きな効果をあげている。また、本書は「読むだけで頭が刺激され、なおかつ励みになる」と、各界から注目、高い評価を受けている。

川島隆太（かわしま・りゅうた）
東北大学医学部卒業。同大学院医学研究科修了。スウェーデン王国カロリンスカ研究所客員研究員を経て、現在、東北大学未来科学技術共同研究センター教授。医学博士。
脳のどの部分にどのような機能があるかを調べる「ブレインイメージング研究」における日本の第一人者。本書の各章に加筆された具体的なアドバイスは、その研究のエッセンスである。
主な著書に『脳を鍛える大人の音読ドリル』『脳を鍛える大人の計算ドリル』がある。

知的生きかた文庫

記憶力《きおくりょく》が面白《おもしろ》いほどつく本《ほん》

著者　B・フィールディング
訳者　川島隆太《かわしまりゅうた》
発行者　押鐘冨士雄
発行所　株式会社三笠書房
郵便番号一一二―〇〇〇四
東京都文京区後楽一―四―一四
電話〇三―三八一四―一一六一〈営業部〉
〇三―三八一四―一一八一〈編集部〉
振替〇〇一三〇―八―二二〇九六
http://www.mikasashobo.co.jp
印刷　誠宏印刷
製本　若林製本工場

ISBN978-4-8379-7657-8 C0130
落丁・乱丁本は当社にてお取替えいたします。
定価・発行日はカバーに表示してあります。

知的生きかた文庫

話すチカラをつくる本　山田ズーニー

「説明上手になる方法」「自分の意見を100％通す話し方」「初対面でも信頼されるコツ」まで満載！　NHKで放映され大好評のメソッドを完全収録。

グーグル完全活用本　創藝舎

最強の検索サイト・グーグル。マイナス検索、OR検索といったワザから、画像検索、翻訳まで——圧倒的な情報量、検索精度を100％使いこなすテクニックを紹介！

もっと「きれいな字！」が書ける本　山下静雨

とにかく「字が上手くなりたい人」のバイブル！　このコツを知っていると知らないとでは大違い！　「字が上手な人は一生の得」を実感してください。

仕事の達人、27人の「手のうち」！
手帳フル活用術　中島孝志

仕事の精度を高めるスケジュール管理術から夢実現のためのプランニングまで、必ず役に立つ「実践的」手帳術を豊富な実例と図解で紹介。

本がいままでの10倍速く読める法　栗田昌裕

電通支社長研修など多くの企業、学校、各地の読書会でも採り入れられ、その凄い効果が話題の「新しい」読書法。人生効率が大幅にアップ！

C50008